One Theme
クレイス叢書

学びの「エンゲージメント」

主体的に学習に取り組む態度の評価と育て方

櫻井茂男 著

図書文化

まえがき

新学習指導要領に基づく新たな教育がスタートしました。小学校の教師のみなさん、新たな枠組みに基づく授業や評価はどの程度進んでいますでしょうか。私は動機づけの心理学、その中でも〝学習意欲の心理学〟を専門としています。そこで本書では、新学習指導要領における観点別学習状況の評価、そのうちでも学習意欲にもっとも近く、そしてその測定・評価がむずかしいとされる「主体的に学習に取り組む態度」について、最新の理論に基づき、それでいてとてもわかりやすい測定・評価の方法を提案したいと思います。

ご存知の通り、新学習指導要領は小学校で二〇二〇年四月からスタートし、中学校では二〇二一年四月からスタートします。新学習指導要領では、観点別学習状況の評価が従来の四観点から三観点となり、なかでもリニューアルされた「主体的に学習に取り組む態度」の測定と評価に注目が集まっています。これまでの審議等では「粘り強い取り組みを行おうとする側面」と「自らの学習を調整しようとする側面」(国立教育政策研究所教育課程研究センター(二〇一九)『学習評価の在り方ハンドブック 小・中学校編』)が重要視されていますが、私はそれだけでは不十分であり、それらを含めより〝体系的〟にこの態度をとらえ測定・評価することが重要であると考えています。

ただ、そのためには「主体的に学習に取り組む態度」のベースとなるものを示す必要があります。それが学習意欲、もっと端的に言えば「自ら学ぶ意欲」です。そこで本書ではＰａｒｔ１で、最新の学習意欲のとらえ方を紹介します。なかでも「自ら学ぶ意欲」に基づく学習過程について「自ら学ぶ意欲のプロセスモデル」を用いて説明します。ここで提案する「自ら学ぶ意欲のプロセスモデル」こそが「主体的に学習に取り組む態度」のベースとなります。

つぎに、Ｐａｒｔ２では「自ら学ぶ意欲のプロセスモデル」に対応するかたちで「主体的に学習に取り組む態度」の測定・評価の方法を提案します。その際に大事になるのが、心理学における「学びのエンゲージメント」という概念です。

学びのエンゲージメントとは、簡単に言えば「積極的に学習に取り組む態度」のことです。察しのよい読者の方はすぐに気づかれると思いますが、学びのエンゲージメントは「主体的に学習に取り組む態度」とほぼ同義なのです。この「学びのエンゲージメント」を用いて、ただし「自ら学ぶ意欲のプロセスモデル」と対応させるかたちで、この概念を拡張し「主体的に学習に取り組む態度」の測定・評価の方法を提案します。また、本書で紹介するこの方法の一部は「教研式標準学力検査ＣＲＴ（図書文化社）」に採用されていますので、興味・関心のある方はぜひご覧になってください。また、実際に使用していただくとその真価がわかると思います。

そしてPart3では、この方法を用いて測定・評価した結果に基づき、それぞれの子どもたちの「主体的に学習に取り組む態度」を育てる方法について提案します。発達的にみると小学校から中学校にかけては変化が大きい時期です。それゆえ、発達に十分配慮した対応が求められます。私は長らく発達心理学の講座におりましたので、これについても自信をもって提案させていただきます。


「まえがき」が少々長くなりましたが、最後に本書の構成をおさらいしておきます。本書は3つのPartに分かれています。Part1では、最新の学習意欲のとらえ方と「自ら学ぶ意欲のプロセスモデル」について説明します。

Part2では、新学習指導要領に示された観点別学習状況の評価のひとつである「主体的に学習に取り組む態度」を、「学びのエンゲージメント」という新しい概念を用い「自ら学ぶ意欲のプロセスモデル」に沿って体系的にとらえる方法を提案します。

そしてPart3では、そうした測定・評価に基づき、さらに発達状況や個性にも十分配慮しながら「主体的に学習に取り組む態度」を育てる方法について紹介します。


教師のみなさんには、本書を活用して、子どもたちそれぞれの「主体的に学習に取り組む態度」を測定・評価し、その結果を用いて、適切な教育活動を展開していただけることを切に願っております。もちろん、こうした態度を育てることによって、観点別学習状況の評価における「知識・技能」ならびに「思考・判断・表現」といった観点も育てることができます。本書が新たな教育活動を推進する〝起爆薬〟になればとても嬉しく思います。

目　次

Part 2 「主体的に学習に取り組む態度」の測定と評価 ―学びのエンゲージメントを用いて―

Part 3　「主体的に学習に取り組む態度」の発達と育て方　101

本書の構成について

「まえがき」でも、本書の構成について簡単に説明しましたが、ここではより〝構造的〟〝具体的〟に示すことによって、読者のみなさまに本書の真価を十分に理解し、読破したいというモチベーションを高めていただこうと思います。

本書における主たるテーマは、「主体的に学習に取り組む態度」（国立教育政策研究所教育課程研究センター、二〇一九）を的確に測定・評価する方法を提案することです。この態度はご存知の通り、新学習指導要領における観点別学習状況の評価の観点のひとつとして注目されています。そして、この態度を測定するために本書では「学びのエンゲージメント」（櫻井、二〇一九ａ）という心理学における新しい概念を採用します。

エンゲージメント（engagement）とは、〝積極的な取り組みあるいはその態度〟のことです。したがって「学びのエンゲージメント」は〝学習への積極的な取り組みあるいはその態度〟ということになります。そうです、これは「主体的に学習に取り組む態度」とほぼ同義なのです。学びのエンゲージメントこそ、教育評価の新しい時代を切り開く〝申し子〟のような概念なのです。

さて、「主体的に学習に取り組む態度」を的確に測定・評価しても、それが子どもの学習意欲（とくに自ら学ぶ意欲）や学業成績、さらには子どものこころの健康や適応などとどのように関わるのかがわからない（示せない）と、教師としては学習指導や生徒指導にうまく生かすことができません。

教師の指導に生かすためには、「主体的に学習に取り組む態度」が、子どもの学習過程のどこに位置づき、そして学習意欲や学業成績、こころの健康・適応などとどのように関わっているのか、といった学習過程全般に関するモデルを具体的に示す必要があります。こうしたモデルとして、本書では「自ら学ぶ意欲のプロセスモデル」（新バージョン）を提案します。このモデルの具体的な説明はＰａｒｔ１でしますが、その概略をここで紹介しておきます。

それでは、図０-１をご覧ください。これは、子どもの学習過程を、自ら学ぶ意欲がどのように展開されるのか、という点から図式化したものです。

子どもが（おもに授業場面で）学ぶには「情報」（とくに教育）（図の左側）と「安心

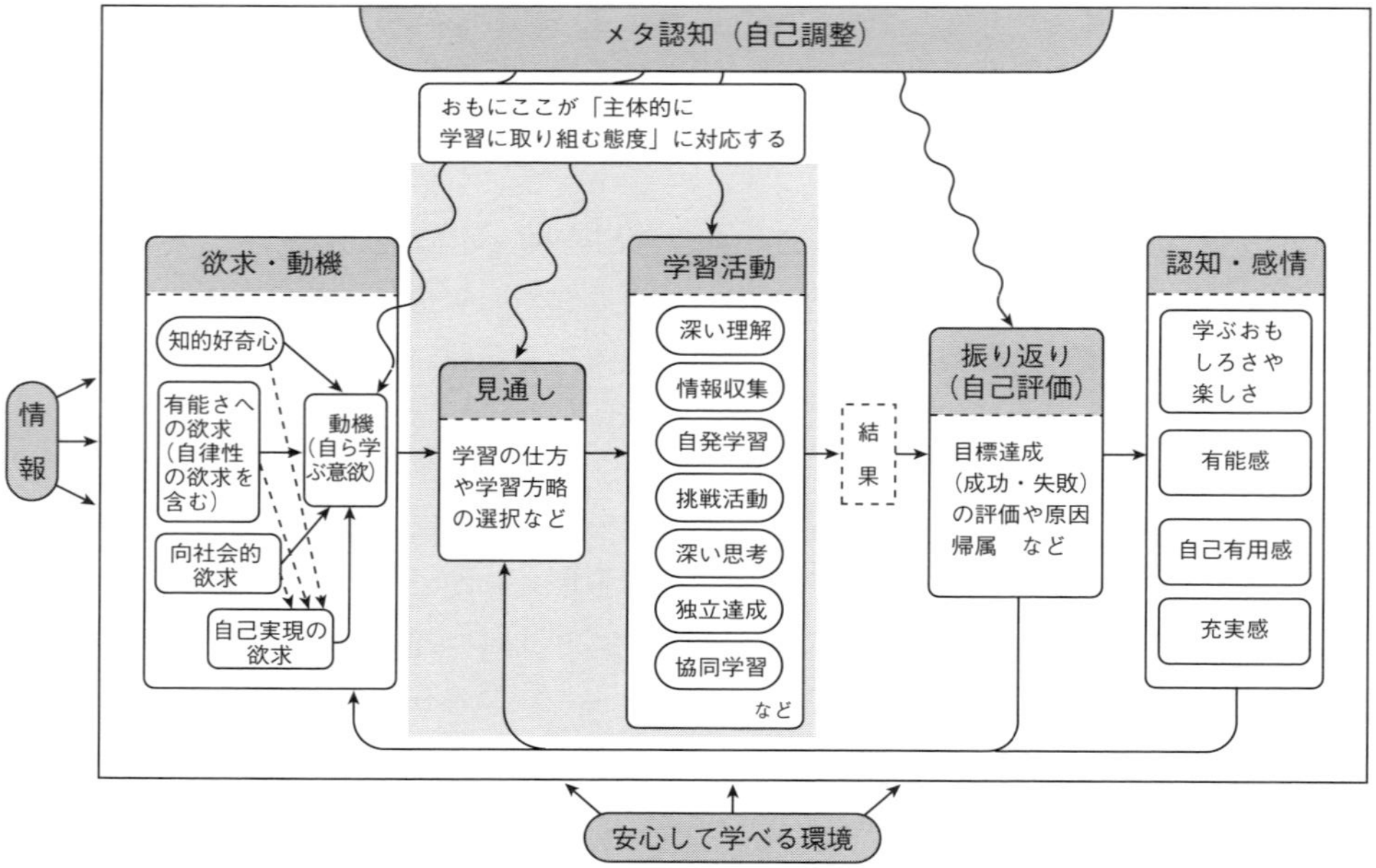

図0-1　自ら学ぶ意欲のプロセスモデルにおける「主体的に学習に取り組む態度」の位置づけ

して学べる環境」（図の下側）が必要です。そして、この図には「メタ認知（自己調整）」（図の上側）も示されていますが、これは小学校高学年くらいになって働きはじめる能力です。学習にそくして言えば、自分の学習活動をモニターし、学習がうまく進むように目標、学習の仕方（とくに学習方略や調整方略）、意欲などを自分で調整（工夫）する能力のことです。小学校低学年まではこの能力が未発達のため、教師や保護者による指導が必要です。このモデルは大まかに言えば、

情報（おもに教育）→欲求・動機（4つの心理的欲求→自ら学ぶ意欲）→見通し→学習活動→結果→振り返り（自己評価）→認知・感情、そして欲求・動機へのフィードバック

という流れとなっています。この流れがうまく進めば、子どもは有意義な学習活動を展開でき、学業成績もよく、さらには健康で適応的な生活を送ることができるでしょう。

さて、モデルの説明はこれくらいにして、図0-1に基づいて、本書の構成について説明します。端的に言えば、自ら学ぶ意欲のプロセスモデルに対応して、

4つの心理的欲求→自ら学ぶ意欲→「主体的に学習に取り組む態度」→結果としての学業成績

↓振り返りのなかでの原因帰属↓認知・感情による心理的欲求の充足、そして心理的欲求や自ら学ぶ意欲へのフィードバック

という流れを設定します。そして、Ｐａｒｔ１では、心理的欲求や自ら学ぶ意欲、「自ら学ぶ意欲のプロセスモデル」について説明します。Ｐａｒｔ２では、「主体的に学習に取り組む態度」の測定・評価の方法の提案が中心となりますが、そのほかに自ら学ぶ意欲、原因帰属（様式）、心理的欲求の充足、さらには無気力についての測定・評価の方法についても提案します。そして、最後のＰａｒｔ３では、「自ら学ぶ意欲のプロセスモデル」ならびに右記の流れに沿って、さらには子どもの発達状況や個性にも十分配慮しながら、「主体的に学習に取り組む態度」の育て方について提案します。

それでは、右記の流れの各要素についてもう少し説明を加えます。図０-１の中に示したとおり、「主体的に学習に取り組む態度」は「自ら学ぶ意欲のプロセスモデル」のおもに「見通し」と「学習活動」に対応します。見通しをもって学習活動を展開するという部分であり、学びのエンゲージメントという概念を用いて（実際には拡張して）、５つの観点から「主体的に学習に取り組む態度」を測定・評価します。もちろん、「粘り強い取り組みを行おうとする側面」と「自らの学習を調整しようとする側面」も含まれています

（Ｐａｒｔ2の表2-2など参照）。

5つの観点とは、次のとおりです。

①感情的エンゲージメント（興味・関心、楽しさ）
②認知的エンゲージメント（目的（意図）・目標、自己調整）
③行動的エンゲージメント（努力、粘り強さ（持続性））
④社会的エンゲージメント（協力、助け合い）
⑤自己効力感（やればできるという気持ち）

エンゲージメントは、4つの自ら学ぶ意欲（Ｐａｒｔ1の図1-1参照）と対応しています。すなわち、感情的エンゲージメントは内発的な学習意欲に、認知的エンゲージメントと行動的エンゲージメントはおもに達成への学習意欲に、新設される社会的エンゲージメントはおもに向社会的な学習意欲に対応し、最後の自己効力感は達成への学習意欲に対応します。

なお、この5つの観点は自己実現への学習意欲にも対応しています。ただし、自己実現への学習意欲に対応する5つの観点は、直近の目標（現在している学校での学習に関する目標）を意識したこれまでの観点とは異なり、自己実現のための〝将来（人生）目標（将来を見据えた長期の目標：例えば、教師になりたい、他者を助けるような仕事につきたい）〟を意識した長期的なスパンをもつ観点となり、小学校高学年くらいから働きます。詳しくはPart2で説明します。表2-1と表2-2が参考になります。

つぎに「学業成績」は、「自ら学ぶ意欲のプロセスモデル」における「結果」に対応します。もちろん、「主体的に学習に取り組む態度」によって〝主体的〟そして〝対話的〟にも学習しますので、新学習指導要領で重要視されている「主体的・対話的で深い学び」が実現されます。また、観点別学習状況の評価における「知識・技能」と「思考・判断・表現」といった観点も達成されることになります。

そして、「学業成績」のような客観的な結果に基づき、子どもたちは自分の学習結果が成功であったのか失敗であったのかを判断し、その判断（成功・失敗）が重要な意味をもつ（例えば、通知表の評定、受験の合否などと強く関係する）場合には、原因帰属を行います。

原因帰属とは、成功や失敗をどのような原因に求めるかということです。原因帰属がその後の認知や感情に影響を与えます。安定した原因帰属のことは「原因帰属様式」といいます。この「原因帰属（様式）」はモデルの「振り返り（自己評価）」のひとつの要素となっています。

原因帰属（様式）では、重要な原因として能力や努力、教師の教え方、運などが挙げられます。失敗を努力に帰属する（努力をしなかったから失敗したと考える）と意欲は低下しませんが、能力に帰属する（能力がないから失敗したと考える）と、能力が変わらないものと認識している場合には意欲は低下します。

モデルの「認知・感情」の中身は、①学ぶおもしろさや楽しさ、②有能感、③自己有用感、④充実感ですが、こうした認知や感情が高まることによって、子どもは学業面を中心に精神的に健康で適応的な生活を送ることができます。

最後に、図0-1（表2-1も同様）に示されているとおり、「自ら学ぶ意欲のプロセスモデル」は、4つの心理的欲求の活性化から出発し（ただし、活性化させるのは情報（とくに教育）です）、学ぶおもしろさや楽しさ、有能感、自己有用感そして充実感を得ることで4つの心理的欲求が充足されて一連の学習プロセスを終えます。

したがって、このモデルに従うならば「主体的に学習に取り組む態度」をはぐくむには、教育活動（授業など）や学習支援によって、4つの心理的欲求を活性化させること、そしてそこから生まれる4つの自ら学ぶ意欲をうまく発揮させること、さらに「主体的に学習に取り組む態度」がうまく発現するように指導すること、最後に高い学業成績を取り4つの心理的欲求が充足されるようにすること、が必要です。すなわち、「自ら学ぶ意欲のプロセスモデル」における一連の流れがうまく進行するように指導することが大事なのです。

以上、本書の主たるテーマや構成について説明しましたが、ご理解いただけましたでしょうか。大事なことは先に紹介した、心理的欲求→自ら学ぶ意欲→「主体的に学習に取り組む態度」→学業成績→振り返りに伴う原因帰属→心理的欲求の充足、そして心理的欲求や自ら学ぶ意欲へのフィードバック、という流れを意識して、本書のＰａｒｔ１〜３をお読みいただくことです。

そして、こうした流れのもとには「自ら学ぶ意欲のプロセスモデル」があることを忘れないでください。図０-１を念頭に置いてお読みください。

Part 1

新しい学習意欲のとらえ方

1　学習意欲とは
2　心理的欲求、自ら学ぶ意欲、そして学習結果がもたらすものの関係
3　自ら学ぶ意欲のプロセスモデル
4　自ら学ぶ意欲と新学習指導要領における「主体的・対話的で深い学び」との関係

Ｐａｒｔ１ではおもに、「自ら学ぶ意欲」と、その実現の過程をモデル化した「自ら学ぶ意欲のプロセスモデル」を取り上げます。

自ら学ぶ意欲は、内発的な学習意欲、達成への学習意欲、向社会的な学習意欲、そして自己実現への学習意欲で構成されます。そして、それぞれの学習意欲のみなもとには独自の心理的欲求が存在し、それらは順に知的好奇心、有能さへの欲求、向社会的欲求、そして自己実現の欲求です。

こうした心理的欲求は、自ら学ぶ意欲がうまく働くこと（学習の目標が達成されおもに成功裏に終わること）によって生まれる、学ぶおもしろさや楽しさ、有能感、自己有用感、そして充実感を感じることで充足されます。この認知あるいは感情は心理的欲求にフィードバックされ、自ら学ぶ意欲は半永久的に働きつづけることが「自ら学ぶ意欲のプロセスモデル」ではモデル化されています。

また、自ら学ぶ意欲がうまく働くことによって、新学習指導要領に示されている「主体的・対話的で深い学び」も実現されます。

Ｐａｒｔ１ではこうした内容について、わかりやすく説明していきます。

1　学習意欲とは

読者のなかには、「大学の授業や教育講演などで学習意欲についての説明は何回も聞いているのでよくわかっている」と思う方もおられるかもしれません。しかしここでは新しい学習意欲のとらえ方を紹介しますので、少し我慢してお付き合いください。

意欲とは簡単に言えば「〜がしたい」という気持ちのことで、心理学における「動機（motive）」とほぼ同じ意味で使われます。それゆえ学習意欲とは本来、何かを学びたいという気持ちのことです。しかしここではより消極的な、他者に言われて仕方なく学ぶという気持ち（のちに登場する「他律的な学習意欲」）も含めることにします。

私たちは〝いつでも〟自ら学びたいと思って学んでいるわけではありません。だれでも、あるときは他者に言われていやいやながら学びますが、そのうちにその学びが楽しくなったり好きになったりして自ら学ぶようになります。とくに無気力になったとき、そこから救い出してくれるのは、他者からの〝やってごらん〟とか〝やったほうがいいよ〟といった優しい言葉がけではないでしょうか。いやではあるけれども、そう言ってくれるのなら学んでみようという気持ちで学びはじめ、やがて他者にすすめられれば学べるようになり、そして少しずつ学びのおもしろさや楽しさを感じて自ら学ぶようになるのです。こうしたことから私は、他者に言われて仕方なく学ぶという気持ちにも、それなりの重要な意味があるものと考えています。

学習意欲の分類

さて、こうした学習意欲は、学習への自発性および自律性（他律性）によって2つに分けることができます。以下、図1-1を見ながらお読みください。

学習意欲はまず、自発性あるいは自律性が高い「自ら学ぶ意欲」と、他律性が高い「他律的な学習意欲」

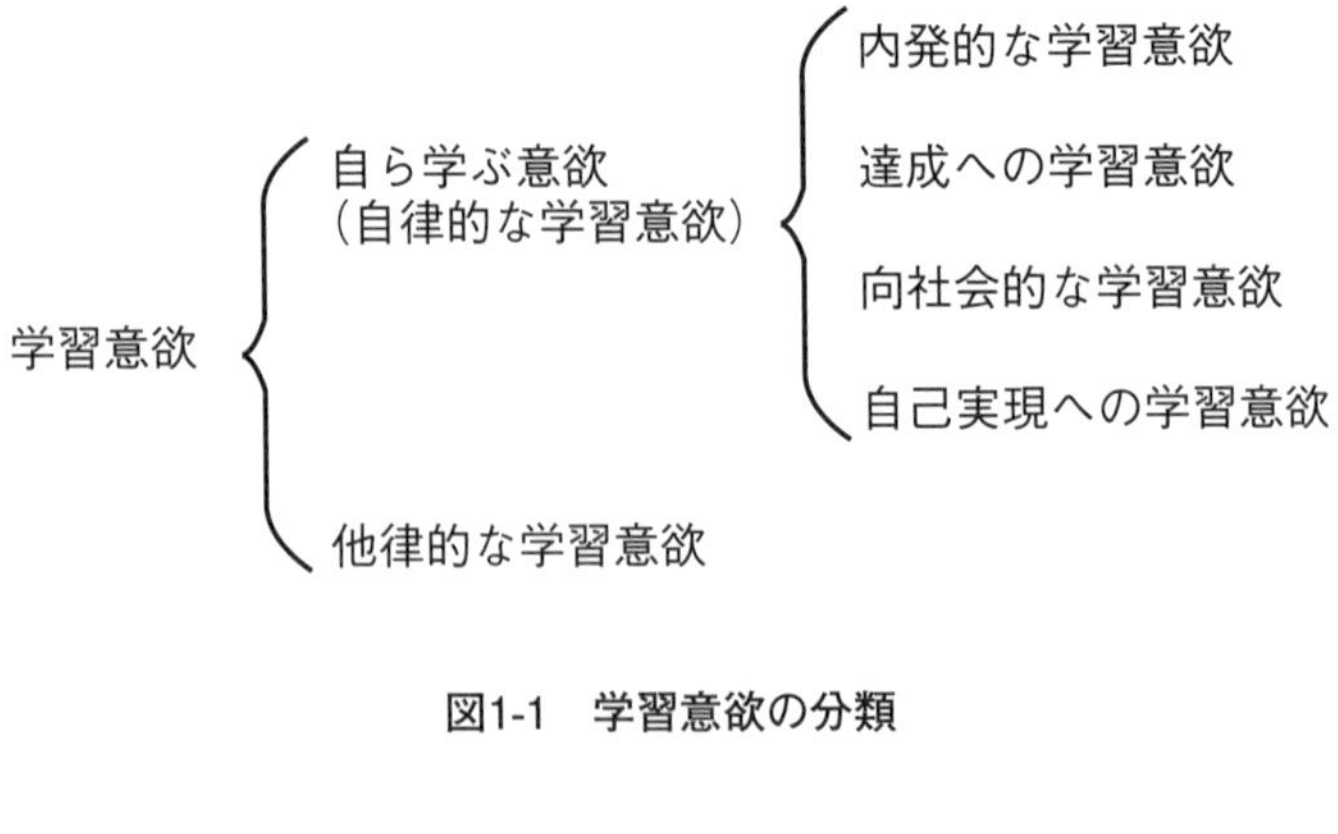

図1-1　学習意欲の分類

に分けられます。もう少し具体的に言えば、自ら学ぶ意欲とは、自発的に学ぼうとする学習意欲のことです。一方、他律的な学習意欲とは、他者からの指示（多くはそれにプレッシャーが伴う）によって、多くの場合は仕方なく学ぼうとする学習意欲のことです。これにもそれなりの意味があることはすでに述べました。

さてここでひとつ注を入れておきます。図1-1では自ら学ぶ意欲という用語の下に、自律的な学習意欲という用語が括弧書きで記されていますが、これは自ら学ぶ意欲と同義なのか、それとも何らかの違いがあるのか、という点についてです。じつは違いがあります。端的に言えば、自ら学ぶ意欲とは、自発的ではあるけれども自律的ではない学習意欲と自律的（もちろん自発性を伴います）な学習意欲のいずれをも含む総称です。

幼少期には認知能力が十分に発達していませんので、自分のことを自ら律する（セルフコントロールする）という意味での「自律性」は機能していないと考えられます。おそらく小学校低学年くらいまでは、自発的に学習に取り組むこと（いわゆる、興味・関心から学習に取り組むこと）はあっても、自律的に学習に取り組むことはほぼないと言えます。したがってこの時期は自発性を重視した「自ら学ぶ意欲」という用語が適切と考えます。

一方、小学校高学年くらいになると、自律性が発達してきますので、それまでの自発性に基づく「自ら学ぶ意欲」も、さらに自律性（自発性はもちろん伴います）に基づく「自律的な学習意欲」も機能するようになると考えられます。いずれも自発性がありますので、総称としては「自ら学ぶ意欲」がよいということなのです。なお、自律的な学習意欲という表現は、自己実現への学習意欲にとっては自律性が基盤になるので、とてもよくフィットした表現と言えます。

自ら学ぶ意欲の新分類

ここからは、自ら学ぶ意欲の下位に位置づく4つの学習意欲について説明しましょう。従来の分類とは異なる新しい学習意欲が示されていますので、注意してお読みください。

自ら学ぶ意欲は、図1-1に示されている通り、①内発的な学習意欲、②達成への学習意欲、③向社会的な学習意欲、④自己実現への学習意欲（従来は「自己実現のための学習意欲」としてきましたが、達成〝への〟学習意欲という表現にならい名称を変更しました）、に分かれます。①と④は従来のもので、拙著（櫻井、二〇一九b）でも説明していますが、②と③は新しいものとなります。これまでの研究成果（櫻井、二〇〇九、二〇一七など）などからこのように変更しました。

内発的な学習意欲とは、未知のことや不思議なこと、詳しいこと（おもに興味・関心があること）を探究したいという意欲です。もちろん、この意欲は幼少期から老年期まで働き続けます。

達成への学習意欲とは、できるだけ高い目標を定めて、その達成のために頑張ろうとする意欲です。高い水準での達成をめざすという点で、この意欲は自ら学ぶ意欲のなかでも大切な意欲と言えます。従来は内発的な学習意欲の一部として位置づけてきましたが、その重要性に鑑み、独立した意欲としました。

向社会的な学習意欲とは、小中学生の場合には、クラスの人やグループの人のために自分が（教えてあげたり、協力したりして）役に立ち、貢献するように学びたいという意欲です。学習場面で生起する向社会的な意欲であり、これも達成への学習意欲と同様、新しい意欲として加えました。新学習指導要領では「主体的・対話的で深い学び」の実現が重要視されていますので、〝対話的な深い学び〟に通じる大事な学習意欲であると考えます。

自己実現への学習意欲とは、自律的に将来や人生の目標を決め、その目標の達成をめざして学習をしていこうとする長期的な学習意欲のことです。先の３つの意欲はどちらかと言えば、いま現在の学習に対する学習意欲ですが、この学習意欲は長期的なもので、将来や人生の目標を達成するためにいま現在の学習にも影響を与える学習意欲です。小学校高学年くらいになって自己理解が進み、将来や人生の目標が自分から設定できるようになってはじめて働く意欲と言えます。

なお、現在のところ、他律的な学習意欲の下位分類はありません。

2

心理的欲求、自ら学ぶ意欲、そして学習結果がもたらすものの関係

セクション1では、自ら学ぶ意欲を4つに分類し特徴を説明しましたが、ここではどのような要因によってそうした意欲が生まれるのか、そうした意欲は多様な学習活動を生み出しますが、その学習活動が成功裏に終わるとどのような認知や感情が生まれるのか、といった〝動機づけ〟プロセスの一部について紹介します。

図1-2をご覧ください。ここには、学習場面における動機づけのプロセスが図解されています。このなかにある「心理的欲求」とは、学習活動を活性化するベース（みなもと）で、のちに説明しますが、知的好奇心をはじめいくつかの欲求が想定されています。図1-2を授業場面における子どもの学習活動を例にして、説明しましょう。

子どもたちは授業によって教師から興味深い話（あんな大きな飛行機がなぜ空を飛べるのか：情報）を聞くと、心理的欲求（この場合には知的好奇心）が活性化し、その謎を解

明したいというような学習意欲（内発的な学習意欲）が喚起されます。この意欲の目標は謎を解明することであり、その目標を達成するために、教師のサポートを受けながら教科書を読んだり、図書館で参考書を調べたり、クラスメイトと相談したり、さらにわからなければネットで調べたりして、その謎の解明に挑みます。

すなわち達成行動としての学習活動が盛んに展開されるわけです。その結果、その謎が解ければ（目標が達成されれば）、子どもたちはそのことに満足します。同時に、学ぶこと（ここでは探究すること）のおもしろさや楽しさを感じて、さきの知的好奇心は充足されるものと考えられます。場合によっては、こうした学ぶおもしろさや楽しさによってさらに知的好奇心が活性化し、ロケットはなぜ宇宙にまで行けるのか、といったような問題意識をもつようになり、こうした問題にも挑戦しようとするかもしれません。この動機づけのプロセスがうまく働けば、半永久的につぎつぎと学習活動が展開されることになります。

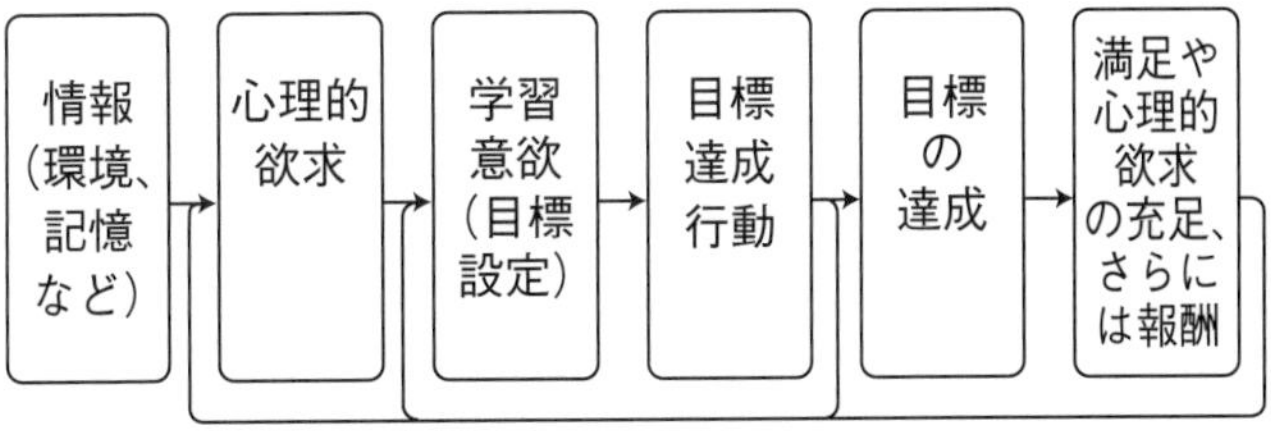

図1-2　学習場面での動機づけプロセス（櫻井，2017を改変）

心理的欲求、自ら学ぶ意欲、そして学習結果がもたらすもの

さて図1-2の説明が終わったところで、先に紹介した4つの自ら学ぶ意欲、そしてそれに対応する心理的欲求、さらには学習結果（目標の達成）によってもたらされるもの（心理的欲求の充足）等について、その流れを説明します。これは基本的な流れです。しっかり理解しておくことが、つぎの「自ら学ぶ意欲のプロセスモデル」の理解に繋がります。表1-1をご覧ください。

(1) 内発的な学習意欲

内発的な学習意欲のベース（みなもと）にあるのは「知的好奇心」と「有能さへの欲求」です。知的好奇心は未知のことや珍しいこと、詳しいことを探究したいという欲求であり、有能さへの欲求はもっと賢くなりたいという欲求です。内発的な学習意欲のベースとしては、知的好奇心が

表1-1　心理的欲求，自ら学ぶ意欲，学習結果がもたらすものの関係

＜心理的欲求＞		＜自ら学ぶ意欲＞		＜学習結果がもたらすもの＞
①知的好奇心	→	内発的な学習意欲	→	学ぶおもしろさや楽しさ
②有能さへの欲求	→	達成への学習意欲	→	有能感(→自己効力感)
③向社会的欲求	→	向社会的な学習意欲	→	自己有用感
④自己実現の欲求（小学校高学年以上）	→	自己実現への学習意欲	→	充実感

主となりますが、興味・関心をもったことをより深く追究しようとする側面もあるため、有能さへの欲求も関係します。そして、こうした欲求が内発的な学習意欲を喚起し、具体的な目標に沿って学習活動が展開されます。

そして、学習活動が終わると「学ぶおもしろさや楽しさ」を感じます。一般には目標を達成すること（成功すること）が前提となりますが、内発的な学習意欲の場合には、目標それ自体がそれほど明確ではない（〜を探求しよう、というようなこと）ため、達成されないで失敗に終わったとしても、学習後には「学ぶおもしろさや楽しさ」を感じることができます。なぜならば、学習活動を展開している最中に、すでに学ぶことのおもしろさや楽しさを感じているから、と考えられます。その意味で、内発的な学習意欲は特殊な学習意欲と言えます。なお、学習活動が成功裏に終わらなければ、十分な満足は得られないでしょう。成功裏に終われば満足とともに有能さへの欲求に対応して有能感も感じることができます。

例えば、テコの原理の授業（後述）では、どんなときでもテコの原理が成り立つかどうか、を検討したいと思うのは内発的な学習意欲のあらわれと考えられます。このようなとき、最初の挑戦で失敗しても、その実験過程で（学ぶことの）おもしろさや楽しさが感じられれば、知的好奇心はある程度充足されるので、つぎの機会に再挑戦し（知的好奇心に基づく内発的な学習意欲が再度喚起され）、おそらくは当初の目標を完璧ではないとしても（〝どんなときでも〟ということの証明は科学者にも難しいゆえ）ほぼ達成することができると予想されます。

(2) 達成への学習意欲

達成への学習意欲のベースには「有能さへの欲求」があります。これはもっと賢く、もっと有能になりたいという欲求です。達成への学習意欲によって、実際に高い目標を設定すれば、その達成をめざして学習活動が展開されます。この意欲では高い目標を達成しようという点が特徴であるため、努力ならびに努力の継続（〝粘り強く〟努力を続けること）が重要になります。そして、努力の結果として目標が達成できれば（成功すれば）、満足とともに「有能感」を感じることになります。とても高い目標が達成された場合、また好んで（自己決定して）クラスメイトや友達との競争でトップに立てたような場合には、非常に高い有能感を感じることができると考えられます。そして、有能感が継続的にもたらされると、〝やればできる〟という自己効力感も高まることが予想されます。

例えば、体育の授業における短距離走のことを思い出してください。運動能力（走力）には個人差があるため、最近はほぼ同じ能力をもつ子ども同士で競争をすることが多いと思いますが、その中でトップになりたいと思い日々努力し、目標通りにトップになった場合には、満足とともに高い有能感を感じることができるでしょう。

(3) 向社会的な学習意欲

向社会的な学習意欲のベースにあるのは「向社会的欲求」です。これは他者や社会のために役立ちたい、貢献したいという欲求であり、向社会的な学習意欲によって具体的な目標を設定すれば、それに沿った学習活動が展開されます。小中学生の場合には、クラスメイトやグループメンバーの学習の役に立ちたいと思って励むようなことが起こります。

なお、向社会的な学習意欲は、学習それ自体と関連した意欲ではありますが、内発的な学習意欲や達成への学習意欲とは異なり、社会的・対人的な目標（例えば、クラスメイトの学習を助けること）の達成に重きを置く異色の学習意欲と言えます。

例えば、同じクラスのA君とB君は、とても親しいクラスメイトです。A君は理科の勉強が苦手です。そこでB君はA君の理科の学習を助けてあげたいと思い（向社会的な学習意欲が喚起され）、自分は理科の授業を一生懸命聞いて理解し、放課後A君にわからないところを教えてあげました。このような場合が、向社会的な学習意欲に該当します。

本人は、理科の勉強を一生懸命するという意味で学習にも主体的に関わりますが、本来の目的はクラスメイトを助けることにある、という特別な学習意欲と言えるでしょう。この学習意欲によって深く学び、クラスメイトを助けることができれば、本人は満足とともに有能感と「自己有用感」を感じることができます。自己有用感とは、小中学生の場合には、自分はクラスメイトにとって、あるいはクラスの人たちにとって、何か役立っている、というような思いです。右記の例では、自分はクラスメイトのために役立っている、という思いがそれに当たりますが、そのほかにも、クラスの学習目標を達成するために自分が学習活動にしっかり加わり努力している場合には、クラスのメンバーとして自分は有意義な存在であるという自己有用感を感じることになります。対話的な深い学びの実現に有効な学習意欲と言えるでしょう。なお、自己有用感が形成されることによって、クラスのなかに居場所もできます。

(4) 自己実現への学習意欲

自己実現への学習意欲のベースには「自

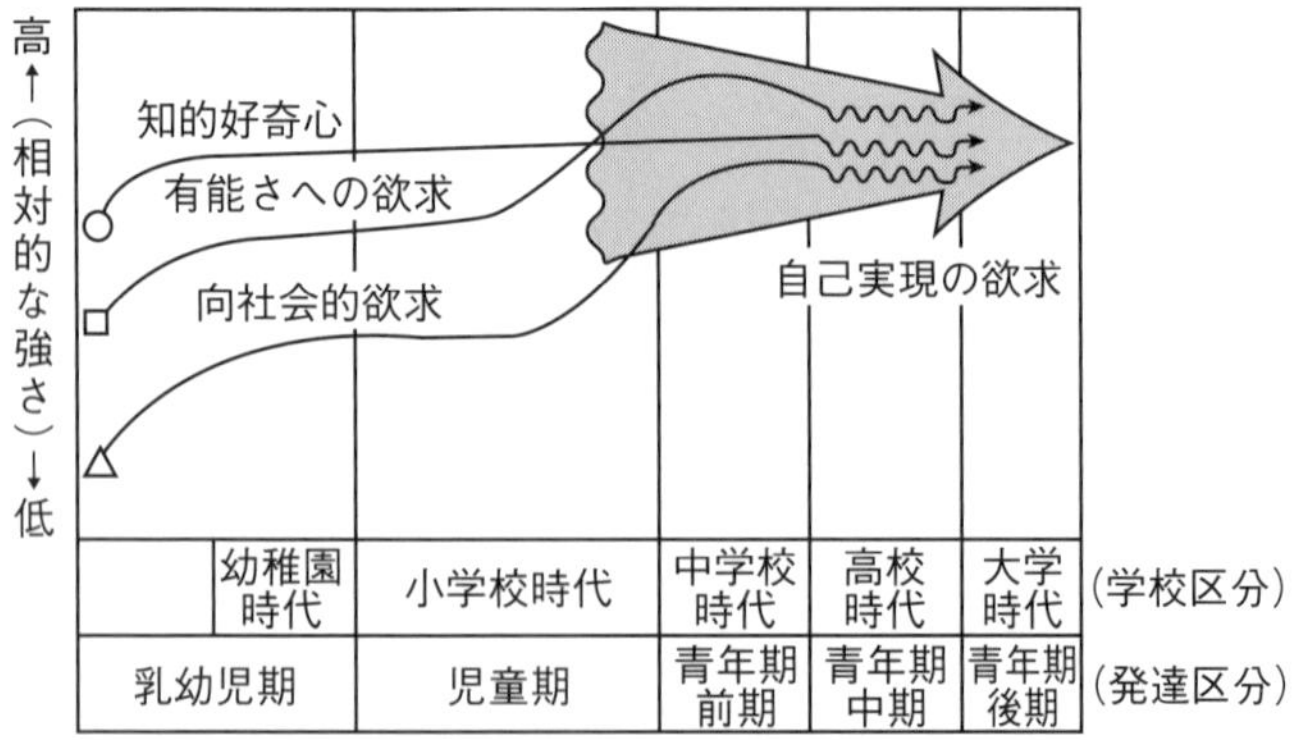

図1-3　自己実現の欲求の形成過程（仮説）（櫻井，2019を著者一部改変）

己実現の欲求」があります。この欲求はマズロー（Maslow, 1954）による欲求の階層説で有名になりました。自分の長所を生かし自分らしく生きたいという欲求であり、この欲求がベースとなって自己実現への学習意欲が喚起され、自己実現のための目標（いわゆる将来や人生の目標）が決定され、それを達成するために長期的な学習に励むようになります。

ただし、自己実現の欲求は、図1-3（櫻井、二〇一九bを微調整したもの）に示されているように、小学校高学年くらいから形成されるものと考えられており、そのころにならないと自己実現への学習意欲も生じません。拙著（二〇一九b）では中学校時代よりこの欲求が形成されると記述しましたが、現場の先生方のご指摘により、もう少し早い時期である小学校高学年のころより徐々に形成されるものと改めました。ただ、その成立に関する説明は前著（二〇一九b）の通りであり、幼少期からある「知的好奇心」「有能さへの欲求」そして「向社会的欲求」が統合されることによって形成されます。知的好奇心によって自分が特別に興味・関心があることがわかりそれに深く関わろうとし、有能さへの欲求によって、その興味・関心のあることがよくでき、将来もよくできたいと望み、そしてできればそうしたことで他者や社会の役に立ちたいという思いが高じ、自己実現の欲求が形成されると考えられます。ただ、個別の「知的好奇心」「有能さへの欲求」そして「向社会的欲求」がなくなるわけではありませんので、その点はご注意ください。

小学校高学年のころ、自己理解が深まり将来を展望して自己実現の欲求が高まってくると、自己実現への学習意欲によって、将来はこうなりたいという将来や人生の目標が形成され、その目標を達成するために具体的な学習活動が展開されます。ただし、自己実現への学習意欲は、遠い将来や人生の目標を達成するために働く意欲であるため、現実的には、長期の計画のもと、いま現在の学習に対して直近の目標を設定しそれを達成する、ということの継続が重要となります。そしてこのような直近の目標を達成することによって、将来や人生の目標を徐々に達成できるということから、満足と「充実感」を得ることになると考えます。

したがって、現在の学習活動には、自己実現への学習意欲によって将来や人生の目標を達成しようとする面も含まれること、ただし現実的には右記の「知的好奇心」「有能さへの欲求」そして「向社会的欲求」に基づく内発的な学習意欲、達成への学習意欲、そして向社会的な学習意欲によっておもに学習活動が展開されること、を理解しておくことが重要です。

他律的な学習意欲のベースとなる心理的欲求とは

なお、他律的な学習意欲にも自ら学ぶ意欲と同じように、ベースとなる心理的欲求があります。ただし、以下で説明する心理的欲求は、〝日常的〟に他律的な学習意欲によってしか学習が進められない、というようなケースに当てはまるものです。その点をご承知おきください。

まずひとつは、「肥大した獲得欲求」です。獲得欲求とは金銭や物品を獲得したいという欲求ですが、社会心理学者のマレー（一九三八）（櫻井、二〇〇九より引用）によって作成された社会的欲求のリストではトップに挙げられている欲求であり、一般的にも広く認められる欲求です。通常この欲求は適度に充足されれば肥大化することはないのですが、幼いころよりご褒美（報酬）につられて学習活動を繰り返していると、この欲求が肥大化して働くようになるようです。

さらに、もうひとつの心理的欲求も他律的な学習意欲のベースになると思われます。それは、自分にとって大切な人から愛されたい・承認されたいという愛情・承認欲求です。ただし、ここで問題になるのは〝ゆがんだ〟愛情・承認欲求です。

幼いころに主たる養育者である母親や父親から、スキンシップを伴った温かい養育行動によって愛されたり認められたりする経験が極端に少なかった（とても不安定なアタッチメントが形成された）場合、そうした子どもは自分にとって大事な人（母親、父親、教師など）に愛されたい・認められたいという欲求が非常に強くなり、それに突き動かされるように（他者の指示するままに）他律的に学習に取り組むようになります。このような子どもは学習に対してとても受動的になり、主体性はほとんど認められません。とても悲しい状態と言えます。

なお、繰り返しになりますが、以上は極端なケースの場合であり、自ら学ぶ意欲が減退しているときに、他者にすすめられて学習に従事する（他律的に学習をする）場合には、上記のような心理的欲求が働いているとは思えません。それゆえ、上記の例はあくまでも日常的に他律的に学習をしている子どもに当てはまるものとお考えください。

さらに、蛇足になるかもしれませんが、他律的な学習意欲によってもたらされる認知や感情についても一言添えておきます。他律的な学習意欲によって学習が成功に導かれた場合でも、それ相応の有能感は感じられます。

そしてその有能感によって有能さへの欲求が充足されれば、徐々に自らの目標を達成したいという達成への学習意欲などにつながる可能性があります。

3　自ら学ぶ意欲のプロセスモデル

セクション2で、自ら学ぶ意欲、自ら学ぶ意欲のベースとなる心理的欲求、そして自ら学ぶ意欲に基づく学習結果によってもたらされるもの（満足と心理的欲求の充足）の因果関係（表1-1）について、大事な説明を終えました。そこでこのセクションでは最終段階として、小学校高学年以上の子どもを対象に、授業場面において自ら学ぶ意欲を中心とした学習過程がどのように進行するのか、私が作成した「自ら学ぶ意欲のプロセスモデル」（図1-4参照）に基づいて説明します。

ただ、自己実現への学習意欲は、単発の授業によって働くようなものではなく、日々の授業や他者からのアドバイス、他者との相談などでの多様な情報をもとに、熟考し働く性質のものである点に留意する必要があります。そして、一度将来や人生の目標が決まると、その影響はそれぞれの授業に及びます。なお、ここでの記述は櫻井（二〇一九b）に

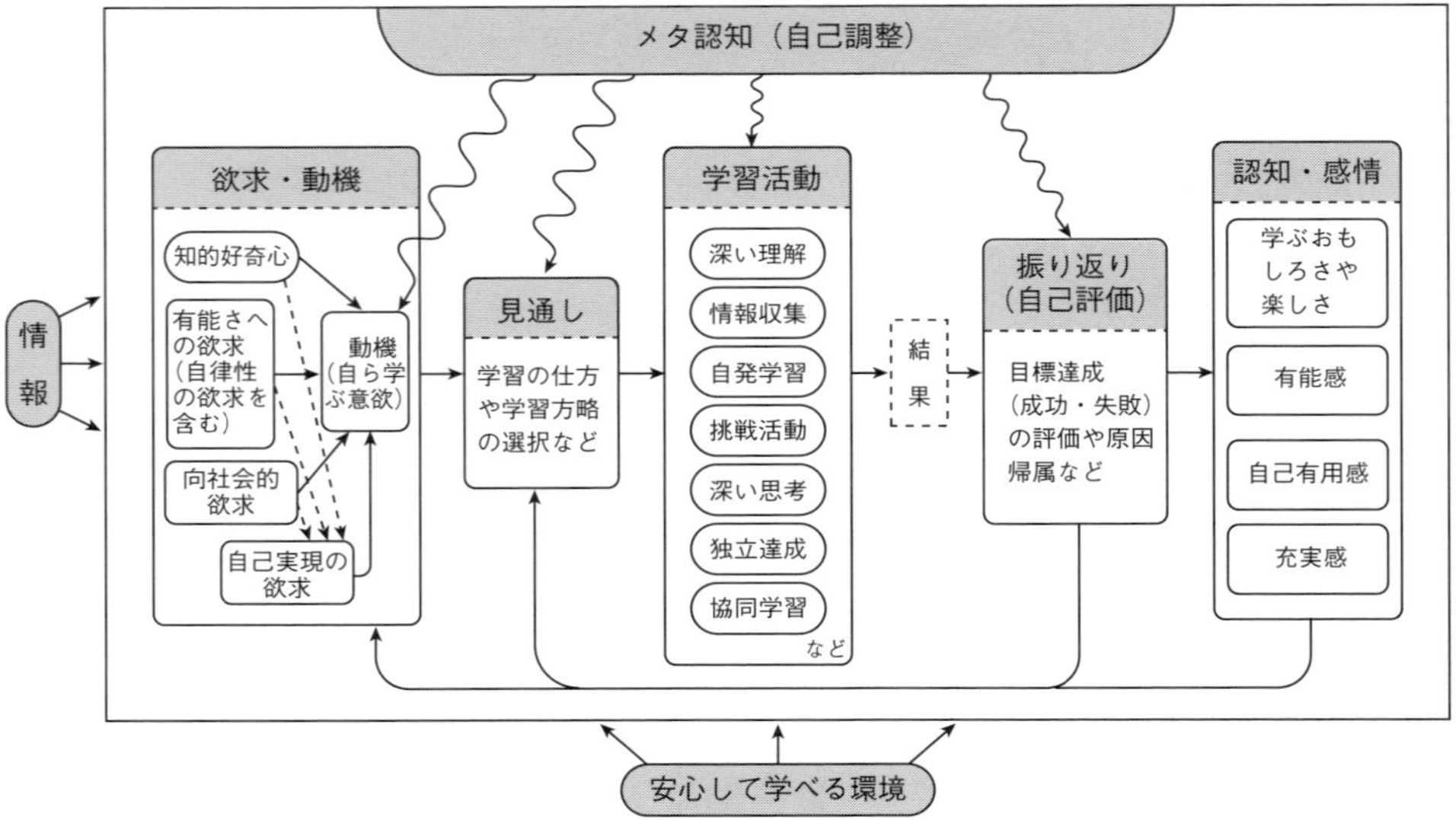
メタ認知（自己調整）
情報
欲求・動機
知的好奇心
有能さへの欲求（自律性の欲求を含む）
向社会的欲求
自己実現の欲求
動機（自ら学ぶ意欲）
見通し
学習の仕方や学習方略の選択など
学習活動
深い理解
情報収集
自発学習
挑戦活動
深い思考
独立達成
協同学習
など
結果
振り返り（自己評価）
目標達成（成功・失敗）の評価や原因帰属など
認知・感情
学ぶおもしろさや楽しさ
有能感
自己有用感
充実感
安心して学べる環境

図1-4　自ら学ぶ意欲のプロセスモデル

基づきますが、一部変更がありますのでご注意ください。

すでに説明した通り、「自ら学ぶ意欲のプロセスモデル」は基本的に〝メタ認知〟が発達している小学校高学年生以上が対象となります。小学校低学年生の場合には、メタ認知とともに「自己実現の欲求および自己実現への学習意欲」がまだ機能していない状態として理解してください。なお、ここでいう学習場面における〝メタ認知〟とは、自分の学習状態をモニターして、その状態を理解したり調整したりする働きのことで、自己調整とほぼ同じです。本来メタ認知には、メタ認知的知識（自分についての認知や学習課題の性質や学習方略などに関する知識のこと）とメタ認知的活動が含まれますが、このモデルではおもに後者のことを指しています。

ここからは、モデルの具体的な説明に入ります。図1-4の「自ら学ぶ意欲のプロセスモデル」をご覧ください。このモデルでは、自ら学ぶ意欲がどのような要因によって生じ、どのような学習活動となって現れ、そしてその結果がどのように評価され認知や感情に影響するのか、またそうした認知や感情が欲求・動機（自ら学ぶ意欲）等にどのようにフィードバックされるのか、さらにそうしたプロセスはどのように調整されるのか、といった多くの問いに答えます。

なお、図1-4では、子どもの自ら学ぶ意欲が発現するプロセスを図の大枠の四角のなか（欲求・動機→見通し→学習活動→結果→振り返り（自己評価）→認知・感情）に、そのプロセスに影響する重要な3つの要因を、大枠の内側の上方（メタ認知（自己調整））、大枠の外の左横（情報）、そして大枠の外の下側（安心して学べる環境）に配置しています。

安心して学べる環境と情報とメタ認知（自己調整）

自ら学ぶ意欲の発現プロセスが順当に進行するには、「安心して学べる環境」と「情報」と「メタ認知（自己調整）」が必要です。

安心して学べる環境とは、物理的に〝安全〟な環境（例えば、適度な温度と湿度が保たれ、危険がない教室）と対人的に〝安心〟な環境（例えば、サポートしてくれる教師やクラスメイトがいる教室）のことです。こうした環境が整えば、あるいは子ども自身が作ることができれば、子どもは学習に集中することができます。その結果、学ぶおもしろさや楽しさ、有能感などを感じて、心理的欲求も充足されることになります。

情報とは、授業場面を想定していますので、おもに授業や子どもがもっている知識、それに教師やクラスメイトさらには親などの周囲の人が与えてくれるそのほかの情報（教えてくれること、テスト結果や成績の報告、ほめてくれること、叱ってくれることなど）のことです。こうした情報がなければ、心理的欲求が刺激されず、動機（自ら学ぶ意欲）も形成されません。

さらに、情報は欲求を刺激するだけではありません。図中では煩雑になるため矢印では示していませんが、授業中に教師が子どもの学習の見通しについてコメントしたり、学習活動中に解決のヒントとなる情報を与えて激励したり、学習結果について教師としての意見を示したりすることももちろん情報に入ります。さらに、クラスメイトがこうしたプロセスにおいて、教師と同様に助言すること、教えること、励ますことなども情報に入ります。学校の授業においては、こうした対人的なやり取りがとても重要になります。

つぎに、メタ認知（自己調整）ですが、これは既述のとおり、自分の学習状態をモニターして、その状態を理解したり調整したりする働きのことです。自己調整は、自ら学ぶ意欲の発現プロセスにおいては、とてもクールな機能と言えます。この機能があるからこそ、子どもは学習のプロセスを上手にコントロールし、よりよい成果を挙げることができるのです。このようにメタ認知は重要な働きを担うため、自ら学ぶ意欲のプロセスモデルは、メタ認知が可能となる子ども（小学校高学年以上の子ども）でないと適用できないと考えられます。

もちろん、小学校中学年の子どもでも、認知的な発達が早い場合にはこうしたメタ認知に基づく学習が可能です。おそらく多くの子どもたちにとってはこの時期くらいから、自分を見つめる力を育てる指導が重要でしょう。授業の終わりに、授業中の自分の学習活動を振り返ったり、そうした振り返りをノートに記して教師に点検してもらったりすることは有意義であると考えます。なお、小学校低学年では、メタ認知はほとんど機能しませんが、教師や親の指導・助言などがその代わりとなります。

欲求・動機の段階

授業（おもに導入部分）による情報や子どもがすでにもっている知識等によって、子どもの知的好奇心や、もっとわかるようになりたい・学びたいという有能さへの欲求が喚起されて、自発的・積極的に学びたいという気持ち（動機：内発的な学習意欲や達成への学習意欲）が生じます。有能さの欲求には、自律的であることによる高次の有能さ（他律的な場面で成し遂げられたことによる有能さよりも高次の有能さ）を求める欲求が含まれます。例えば、中学生の場合には教師に指示されて取り組んだ試験勉強で好成績を取るよりも、自分から進んで試験対策の勉強を計画し、それを自ら実行して好成績を取るほうが、有能さはより高く評価されるはずです。それゆえ、自律性を伴った有能さを求める欲求のほうが、有能さという点では高次な欲求であると考えられます。

日本ではこれまで自律的、すなわち自己決定的であること（いやいやながら自己決定することではなく、好んで自己決定することを指します）をあまり重要視してきませんでした。それは幼いころからの養育や教育において、自律的であることを求めてこなかったからだと考えられます。自律的でないこと（他律的なこと、受動的なこと）の利点は、失敗したときに自分が責任を取らずにすむ、他者のせいにすることできる、ことです。保身を重視した発想が原点にあるように思います。ただ、自分が成長するためには、自分で決めて自分で実行し、そして成功したときは大いに喜び、失敗したときは深く反省してやり直す、ということがとても重要であるように感じています。こうした主体性をもった自分（自己）のことを「オーセンティック・セルフ（authentic self：本物あるいは本来の自分）といいますが、アメリカでの恩師であるデシ先生やライアン先生はこれをとても大事にしていました。

さて、授業の内容や形態（グループ学習など）によっては、向社会的欲求が喚起され、授業で理解が難しいクラスメイトを援助するために自分は積極的に学び、その子を助けたいとい

左からライアン先生、著者、デシ先生
（2007年の国際自己決定理論カンファレンスにて）

う気持ち（動機：向社会的な学習意欲）も生じると予想されます。小学校3、4年生くらいになると授業の内容がかなり抽象的になりますので、簡単にはついていけない子どももでてきます（これは「九歳の壁」と言われます）。そのため、発達が早い子どものなかにはこうした欲求が喚起され、クラスメイトを助けてあげたいと思う子どもも多くでてくるのではないでしょうか。

さらに小学校高学年くらいになると、自己理解に基づき、自分の将来のことを考えるようになり、自己実現の欲求が形成されます。その結果、自己実現への学習意欲も働くようになり、自分の興味・関心のあることや得意なことで仕事に就いて、人や社会のために貢献したい、というような将来や人生の目標も徐々に形成されます。そして、そのような目標を達成したいという意欲が現実の学習活動にも強く影響するようになります。すなわち、自己実現への学習意欲によって、長期的な〝将来や人生の目標〟が明確化し、それに基づき（現実的には）中期あるいは短期（直近）の学習目標を立て学習活動が展開するようになるのです。将来や人生の目標を達成するために、現在の学校での勉強を頑張るようになります。そして、それまでなかなかできなかった〝嫌な教科の勉強でも頑張る〟ということが可能になるのです。まさに自律的に学習が進められるわけで、すごい成長だと思います。

ただ、小学校高学年から中学校にかけては、将来や人生の目標がまだ変化しやすい時期です。それゆえ、ちょっとしたことで将来や人生の目標がかわりますが、それでもそうした目標をもって頑張れるほうがよい、くらいに構えていれば、教師や親としては腹を立てないですみます。なにしろ、おおらかに気長に対処することがこの時期には大事です。

見通しと学習活動の段階

動機（自ら学ぶ意欲）が形成されると、その力（エネルギー）によって学習活動が展開しますが、教師による強い指示がない限りは、後述するような多様な学習活動のなかで、どのような学習活動をするのか、どのような順序で学習を進めるのか、どのような方法（体制化で記憶をするなどの学習方略、ディベートやグループディスカッションなど）でするのか、そしてどのようなまとめ方をするのかなどの、「見通し」（図1-4参照）をもつことが大事になります。

見通しをもつためには、先に紹介したメタ認知が関係します。もちろん、メタ認知が十分でなくても、すなわち小学校低学年でも、教師の指導のもとに見通しをもつことはできます。さらに、学習活動の途中では、おもにメタ認知によって、学習活動がモニターされ、学習方略の見直しや微調整も行われます。学習方略の見直しや微調整も、教師の指導によって可能です。なお、これまで気軽に学習方略という用語を使ってきましたが、改め

表1-2　ピントリッチの自己調整学習方略のリスト
(Pintrich et al.,1993; 伊藤,2012)

上位カテゴリー	下位カテゴリー	方略の内容
認知的方略	リハーサル	学習内容を何度もくり返して覚えること
	精緻化	学習内容を言い換えたり，すでに知っていることと結びつけたりして学ぶこと
	体制化	学習内容をグループにまとめたり，要約したりして学ぶこと
	批判的思考	根拠や別の考えを検討すること 批判的に吟味して新たな考えを得ようとすること
メタ認知的方略	プランニング	目標を設定し，課題の分析を行うこと
	モニタリング	注意を維持したり，自らに問いかけたりすること
	調整	認知的活動が効果的に進むように継続的に調整をはかること
リソース管理方略	時間管理	学習のプランやスケジュールを立てて時間の管理をすること
	環境構成	学習に取り組みやすくなるように環境を整えること
	努力調整	興味がわかない内容やむずかしい課題であっても取り組み続けようとすること
	ピア・ラーニング	仲間とともに学んだり，話し合ったりして理解を深めること
	援助要請	学習内容がわからないときに教師や仲間に援助を求めること

てその意味を確認すると、学習方略とは、学習を効果的に進めるために使用する認知的な方略や情意的な方略のことです。

学習方略の一部は認知的方略と言いますが、これを含む〝自己調整学習方略〟が、表1-2に紹介されています。この表には学習方略のうちの情意的な学習方略は掲載されていませんが、そのひとつとして、学習意欲が湧かないときにスポーツなどで気晴らしをして学習意欲を喚起するという方略もあり、これはとくに家庭で学習を進める際には重要な方略であることがわかっています。

学習活動としては、授業の内容の理解や記憶（①深い理解）をはじめ、図1-4に例示されているような特徴的な学習活動が生じます。具体的には、②自分で課題の解決に必要な情報を集める情報収集、③課題解決に時間を要するような場合には自発的に計画を立て取り組む自発学習、④解決が難しいと思われる課題にも果敢に挑戦する挑戦活動、⑤新たな発見をもたらすような深い思考、⑥潜在的な能力（才能）を十分に発揮して課題を解決しようとする独立達成、⑦クラスメイトと協力して課題を解決しようとする協同学習をいいます。さらにはアクティブ・ラーニング（能動的学習）もこうした学習活動のひとつに位置づけられると思われます。これらの学習活動は必ずしも授業場面に特化したものではなく、授業のまえの予習、授業が終了した後の復習、そして自由な時間にも起こる（自発的に起こる）ものです。むしろそれゆえに、こうした学習活動は自ら学ぶ意欲（自律的な学習意欲）に支えられていると言えるわけです。

結果

授業場面では、盛んな学習活動が終了すると、練習問題が解けたり、課題への回答ができたり、さらには小テストの答案が返されたりして、一応の結果が示されることになります。これが図中の「結果」に当たります。これはその後の振り返り（自己評価）の重要な資料となります。

振り返り（自己評価）と認知・感情の段階

授業が終わり、授業の内容について一定の理解がなされた場合や課題の解決に成功した場合（目標が一応達成された場合）には、ベースとなる心理的欲求に対応して、学ぶおもしろさや楽しさ、有能感、自己有用感、充実感が生じることになります。全体としてはこれらに関連して「自尊感情」や「主体性」も高まることが予想されます。

ただ、このような認知や感情が生じるためには、授業内容の理解や課題の遂行（結果）に対して、一定の基準に基づき「振り返り（自己評価）」を行うこと（図1-4参照）が必要です。この振り返り（自己評価）によって子どもが目標を達成した（あるいは成功した）と判断すれば、満足とともに学ぶおもしろさや楽しさ、有能感、自己有用感、充実感が生じます。

ただし既述したように、学ぶおもしろさや楽しさは、課題遂行が成功裏に終わらなくても感じることができます。なぜなら、「学ぶおもしろさや楽しさ」は課題遂行の過程（途中）でも感じられるからです。すなわち、必ずしも結果に依存しない認知や感情と言えます。

また、成功・失敗（目標が達成できたか、できなかったか）という結果の判断が、自分にとって重要と思える場合（例えば、その結果によって1学期の成績がほぼ決定するような場合）には、原因帰属が起こります。原因帰属とは、成功・失敗の原因を何らかの要因に求めることです。失敗の原因を努力不足に求める（失敗の原因を努力不足に帰属する）と、つぎの同様の機会では、もっと努力をすればできるようになると思えるため、有能感や意欲は低下せずにすみます。一方、失敗の原因を能力不足に帰属すると、一般に能力は大きく変わるものではないと考えられているため、つぎの同じような機会でも失敗することが予想され、失敗のショックとともに無能感を味わい意欲も低下することになります。

ただ、子どもによる振り返りは、幼少期ほど独りよがりになる（客観的でない）ことが多いようです。子どもが失敗と判断しても、教師の目から見れば失敗というよりも成功に近いと考えられるような場合は、子どもにその旨を説明してやることや、反対によく考えることもなく成功と判断しているような場合には、再考するように促すことも必要です。振り返りの力はメタ認知の発達と関係していますので、小学校低学年までは教師の助言や指導が必要であり、その後は適宜助言をすれば大丈夫でしょう。

ところで、ジョン・ハッティの著書『教育の効果』（原著は二〇〇九年、訳書は二〇一八年刊行）によると、子どもの学力にもっとも強い影響を与える要因は、知能を除けば有能感（自己効力感）であるとされます。私が過去に行った①中学1年生を対象にした有能感と学業成績の関係ならびに②小学4年生を対象にした自己効力感と学力（標準学力検査に基づく測定）の関係を調べた研究（桜井、一九八三：桜井、一九八七）によると、学業成績や学力に強い影響を与えるとされる知能（認知能力）の影響を取り除いても、有能感あるいは自己効力感は学業成績あるいは学力と強い関係を示しました。こうした研究結果からも、有能感あるいは自己効力感の学業成績や学力を予測する力はとても大きいことがわかります。

ちなみに、『教育の効果』では有能感（自己効力感）のほかに学力に強い影響を与える要因として、①教師と学習者の関係、②メタ認知方略（自己調整学習方略など）、③目標の設定、④動機づけ、がリストアップされています。この4点はいずれも、「自ら学ぶ意欲のプロセスモデル」に組み込まれている重要な要因です。

さて、授業中にクラスメイトの学習活動を支援することができたり、授業後にクラスメイトに授業内容を質問されやさしく教えてあげることができたりした場合には、向社会的欲求に対応した自己有用感を感じることができます。

また、現在の学習活動によって、将来や人生の目標の達成に一歩ずつ近づいていると感じた場合（例えば、理科の教師になりたいという人生・将来目標をもっていて、現在の理科の学習では「テコの原理」を理解しておきたい、という直近の目標を立てて授業に臨み、それが達成された場合）には、充実感を覚えます。自己実現の欲求は即座に充足される性質のものではなく、徐々に充足される性質のものなので、将来や人生の目標に基づく直近の目標が達成されたときには、将来や人生の目標の達成に少しずつ近づいているという意味で、充実感を味わうことができると考えられます。また、ときには教師による賞賛や激励も充実感の増強には功を奏すると思われます。

そして、結果としての認知・感情（学ぶおもしろさや楽しさ、有能感、自己有用感、充実感）は欲求・動機にフィードバックされ、後続の授業などでさらに自ら学ぶことを促すことになりますし、学習活動がうまく終了しない（授業でよく理解できないなどの）場合には、動機が修正されたり（少しやさしい水準での達成を目指すなど）、見通しを修正して学習方略が変更されたりして、より適切な学習活動が展開されます。自ら学んでいる（自律的に学んでいる）からこそ、動機や学習方略の修正ができたり、それに基づく適切な学習活動が展開できたりするわけです。言うまでもなく、こうした対応にメタ認知（自己調整）が果たす役割は大きいと言えます。

自ら学ぶ意欲のプロセスモデルについて説明してきましたが、流れを理解することはそう簡単ではないと思います。そこで、最後に図1-4の流れを確認する例（櫻井、二〇一九）を、以下に再録しておきます。

小学6年生の祐輔君は、授業（情報）で教師の話（例えば、テコの原理を教えるためのエピソード）に興味・関心（知的好奇心）をもち、テコの原理がほんとうに成り立つのかどうかを確認したい（動機・自ら学ぶ意欲）と思いました。ただ、一人ではこころもとない（見通し）ので、クラスの登世子さんと協力して実験をすることにしました。教師と相談して実験のやり方を決め（見通し）、登世子さんと一緒に実験（学習活動：おもに挑戦活動、協同学習）を行いました。その結果、〝実験で扱えた範囲〟では、どのような場合にもテコの原理が成り立つことを確かめることができました。そうしたことを「振り返る」ことによって、実験ができたという満足感とともに、学ぶこと（実験をして明らかにすること）の「おもしろさや楽しさ」、自分でも結構できるという「有能感」、さらには友達と協力でき、自分の夢である理科の教師になりたいという目標にも近づけたということで「自己有用感」や「充実感」を感じることができました。その後、祐輔君は実生活においてテコの原理がどのように使われているかについても調査したい（新たな動機）と思うようになりました。

自ら学ぶ意欲がもたらす輝かしい成果

さて、ここで自ら学ぶ意欲がもたらす成果について、他律的な学習意欲と比較する形で簡単に紹介しておきます。

欧米やわが国での研究を分析した結果（例えば、櫻井、二〇〇九、二〇一九）によると、自ら学ぶ意欲によって学んでいる場合には、知的好奇心や有能さへの欲求、達成への欲求が作用するために、より深い学びが生じ、質的な面を中心に学業成績が向上し、思考力や創造力（例えば、及川ら、二〇〇九）も高まります。また、その結果として、さらには向社会的な欲求も充足された結果として、学校での適応（学校適応）もよく、精神的にもより健康である、とまとめられます。この輝かしい成果ゆえに、自ら学ぶ意欲が教育上とくに推奨されるのです。

4　自ら学ぶ意欲と新学習指導要領における「主体的・対話的で深い学び」との関係

Ｐａｒｔ１の結びとして、自ら学ぶ意欲がもたらす成果と新学習指導要領における「主体的・対話的で深い学び」との関係について、「自ら学ぶ意欲のプロセスモデル」に基づきながらまとめます。結論から先に言えば、「主体的・対話的で深い学び」は４つの心理的欲求をもとにした自ら学ぶ意欲が実現されることによって達成できます。

まず、全体としての「深い学び」は、おもに知的好奇心に基づく内発的な学習意欲によって達成されます。なぜならば、内発的な学習意欲が働くと、学習活動としては深い理解、深い思考などが起こり、それらは深い学びにつながるからです。詳しいことをお知りになりたい方は櫻井（二〇〇九、二〇一七）などをご参照ください。

また、自己実現への学習意欲も、自己実現の欲求が知的好奇心（内発的な学習意欲のベース）を含んで形成されるという点から、長期にわたって深い学びを実現できる意欲と考えられます。さらに達成への学習意欲によれば、高い目標を達成することによって深い学びに繋がりますし、社会的な意欲でもある向社会的な学習意欲によれば、クラスメイトと協力して学ぶことによって一人のときよりも深い学びに至ることが予想されます。

つぎに、「主体的な（深い）学び」ですが、これはとくに達成への学習意欲と自己実現への学習意欲によって実現できると考えられます。達成への学習意欲では、高い目標を設定して、もちろん主体的にその達成にむけて努力しますので、主体的な（深い）学びが実現されます。また、自己実現への学習意欲は、自己実現するために自律的に情報収集、自発学習、挑戦活動、独立達成などの学習活動を行いますので、これでも主体的な（深い）学びが実現できます。

最後に「対話的な（深い）学び」ですが、これはおもに向社会的な学習意欲によって実現されます。とくに、クラスメイトを学習で助けたり、反対に助けられたり、さらにはクラスメイトと協力して学習課題を達成したり、というような形で、対話的な学習が進み、対話的な（深い）学びが実現されると考えられます。

以上のように、自ら学ぶ意欲はとてもすぐれた学習成果をもたらす素晴らしい学習意欲なのです。

■コラム■ 「知識・技能」や「思考・判断・表現」と「主体的に学習に取り組む態度」の関係

「主体的に学習に取り組む態度」の評価は、知識および技能の習得や思考力・判断力・表現力等の育成に関わる教師の指導や児童生徒の学習の改善に生かすことができ、そしてうまく生かすことができれば「知識・技能」や「思考・判断・表現」の評価も高まり、最終的に児童生徒にバランスのとれた資質・能力を育成することができると考えられます。また「知識・技能」や「思考・判断・表現」の評価が高まれば、その達成感によって「主体的に学習に取り組む態度」が育まれ、その評価も高まることが予想されます。

このように３つの観点は密接に関係しているので、「主体的に学習に取り組む態度」の評価は高いのに、「知識・技能」や「思考・判断・表現」の評価が低いということは考えにくいでしょう。逆に、「知識・技能」と「思考・判断・表現」の評価が高く、「主体的に学習に取り組む態度」の評価だけが低いという場合にも、測定・評価の方法になんらかの問題があるのではないかと疑ってみるべきです。

例えば、教師には授業場面での態度が“ボーっとしている”と見えるようなときでも、その子にとっては学習課題に没入している姿であるかもしれません。自分がもっているバイアスをなくすためにも、多面的な方法で測定・評価をする必要があります。

ところで「主体的に学習に取り組む態度」の観点では２つの側面、すなわち①粘り強く学習に取り組もうとする態度と、②自らの学習を調整しながら取り組もうとする態度、が強調されています。動機づけの心理学からみると、①は授業（学習）に興味・関心（内発的な学習意欲）があるときや目標意識（夢や将来の目標）があるとき、さらには「やればできる」という効力感があるときなどに生じやすいと言えます。一方、②は高い達成を目指す（達成への学習意欲がある）ときや自分の将来の目標を達成したい（自己実現への学習意欲がある）ときなどに生じやすいと言えます。

Part 2

「主体的に学習に取り組む態度」の測定と評価

―学びのエンゲージメントを用いて―

Ｐａｒｔ１では、新しい学習意欲のとらえ方として、①４種類の自ら学ぶ意欲について、②それらの源になる４種類の心理的欲求について（ここまで表１-１を参照）、そして③「情報（おもに教育）→心理的欲求の活性化→自ら学ぶ意欲の生起→見通し→学習活動→結果→振り返り（自己評価）→学習後の認知や感情（心理的欲求の充足）」という「自ら学ぶ意欲のプロセスモデル」（図１-４参照）について、具体例とともに紹介しました。また自ら学ぶ意欲が育まれると、新学習指導要領で重要視されている「主体的・対話的で深い学び」が実現されることも説明しました。

そこで、本Ｐａｒｔでは Ｐａｒｔ１の説明を基礎にして、本書のメインテーマである「主体的に学習に取り組む態度」の測定と評価について具体的な説明と提案をします。「主体的に学習に取り組む態度」は、新学習指導要領の観点別学習状況の評価における観点のひとつであり、３つの観点のうちで、もっとも注目されている新しい観点と言えます。

本書では「学びのエンゲージメント」という新しい概念を用いて、「主体的に学習に取り組む態度」の測定方法を提案します。ただし、Ｐａｒｔ１で紹介した「自ら学ぶ意欲のプロセスモデル」に準拠していることが、大事であり大きな特徴でもありますので、従来の学びのエンゲージメントと比べると、新しい要素が加わることになります。もちろん、「主体的に学習に取り組む態度」と自ら学ぶ意欲のプロセスモデルとの関係も明らかにします。

さらに、「主体的に学習に取り組む態度」によってもたらされる輝かしい成果と、この態度を育む際に配慮したほうがよいと思われる「自ら学ぶ意欲」や「原因帰属（様式）」「心理的欲求の充足」「無気力」といった諸要素の測定方法についても、あわせて紹介します。教育現場でぜひ活用してください。

1 学びのエンゲージメントとは

本セクションでは、櫻井（二〇一八ａｂ、二〇一九ａ）や外山（二〇一八）を参考に、「学びのエンゲージメント」という新しい概念について紹介したのち、学びのエンゲージメントと従来の学習意欲の諸概念との関連についても簡単に説明します。

新しい概念——学びのエンゲージメント

エンゲージメント（engagement）を英和辞典で調べてみると、主要な意味のひとつに「積極的な関与、参加、取り組み」という説明があります。これこそ、現在の心理学で注目されているエンゲージメントという概念にもっとも近い意味だと思われます。

外山（二〇一八）でも紹介されているように、学びのエンゲージメントはワーク・エンゲージメントの研究から誕生した概念です。ワーク・エンゲージメントとは「仕事の遂行過程において、身体的（行動的）、認知的、感情的に自分自身を駆使して表現している状態」（Kahn, 1990）と定義されます。仕事に対するエンゲージメントの高い人はバーンアウトになりにくく、そしてワーカホリックとは異なり身体的・精神的・社会的に健康（well-being）であることが明らかにされています（例えば、Schaufeli & Bakker, 2010）。

近年、教育心理学の分野でも、学びのエンゲージメントとして関心がもたれ、さらにわが国でも少しずつ研究が進められています。この学びのエンゲージメントはワーク・エンゲージメントと同様に健康や適応を促進すると言われますが、それ以上に注目されている点は、学習の成果としての学業成績を促進することです（例えば、鹿毛、二〇一七）。

学びのエンゲージメントとは、どのようなものなでしょうか。学びのエンゲージメントは、学習活動への意欲的な取り組みや関与の在り方（梅本・伊藤・田中、二〇一六）であり、Reeve（2002）や鹿毛（二〇一三）を参考に丁寧にまとめると、「課題に没頭して取り組んでいる心理状態で、言い換えれば、興味や楽しさを感じながら気持ちを課題に集中させ、その解決に向けて持続的に努力をしている心理状態」と言うことができます。また、右記のとらえ方ではどちらかといえば学習場面（状態）に限定された取り組み方を指していますが、もう少し安定した〝普段の学習活動における取り組み方〟（傾向としての学びのエンゲージメント）として扱うこともできます。実際、Reeve & Tseng（2011）、梅本・伊藤・田中（二〇一六）、梅本・田中（二〇一七）は、そうした立場から研究を進めています。

学びのエンゲージメントは、①感情的エンゲージメント、②認知的エンゲージメント、③行動的エンゲージメント、という3つの要素で構成されます（例えば、Christenson, Reschly, & Wylie, 2012; Skinner, Kindermann, & Furrer, 2009）。これらは学習における意欲的な取り組み方を、感情レベル、認知レベル、行動レベルからとらえたものと言えます。

学びのエンゲージメントにおける3つの要素

鹿毛（二〇一三）や櫻井（二〇一八ａｂ、二〇一九ａ）の論考に基づき、学びのエンゲージメントの3つの要素について説明します。後掲の表2-1、表2-2も参考にしてください。ただし、これらの表にはのちに説明する「主体的に学習に取り組む態度」を測定するすべての要素が入っていますので、ここでは従来の学びのエンゲージメントに関係する部分のみをご参照ください。

(1) 感情的エンゲージメント

感情的エンゲージメントとは、「興味や楽しさといったポジティブな感情を伴って取り組んでいることあるいはその態度」で、要素の代表は「興味・関心」と「楽しさ」です。「興味・関心」とは興味や関心をもって学んでいることや、学ぶことがおもしろくて学んでいること、「楽しさ」とは楽しく学んでいることや、生き生きと学んでいることです。

授業場面を例にすれば、興味をもって授業に臨んでいる、授業は楽しい、といった状態でしょうか。エンゲージメントの対極は「非エンゲージメント（disengagement）」と呼ばれますが、感情的な非エンゲージメントとは、これらの反対の状態で、興味・関心がなく、楽しくもなく、退屈で仕方なく学んでいる（学ばされている）状態です。

(2) 認知的エンゲージメント

認知的エンゲージメントは「ものごとを深く理解しよう、ハイレベルの技能を身につけようといったような目的（意図）や目標をもち、自分の学習活動についてきちんと計画し、モニターし、そして自己評価するような問題解決プロセスとして取り組んでいることあるいはその態度」で、要素の代表は「目的（意図）・目標」と「自己調整」です。「目的（意図）・目標」とは、学習する目的や目標を意識して学んでいること、さらには自己実現を意識して（自分らしく生きるために）積極的に学んでいることです。

一方「自己調整」とは、「自己調整学習方略（認知的方略である〈精緻化〉や、メタ認知的方略である〈プランニング〉など：表1-2参照）」を効果的に利用して学んでいること、うまく学べないときは自分の学習活動をモニターし学習のやり方を工夫して学んでいることです。

授業場面を例にすれば、目的や目標をもって授業を受けている、自分の就きたい仕事を意識して学校での勉強をしている、さらに勉強するときには自分が何をしたいのかを考えてから始めている（プランニング）、学校で勉強をしているときにはすでに知っていることと関連づけて覚えようとしている（精緻化）、うまく学べないときにはその学習方法がよいかどうか考えてしている、といった状態でしょう。

なお、認知的な非エンゲージメントは、無目的で自己調整ができないまま学んでいる、といった、認知的エンゲージメントと反対の状態と言えます。

(3)行動的エンゲージメント

行動的エンゲージメントとは、「課題に注意を向け努力し粘り強く取り組んでいることあるいはその態度」で、要素の代表は「努力」と「粘り強さ（持続性）」です。「努力」とは、努力して学んでいることや、一生懸命学んでいることであり、「粘り強さ（持続性）」

とは、あきらめることなく学んでいることや、学び続けていることです。

授業場面を例にすれば、頑張って課題に取り組んでいる、先生の話をもとに一生懸命考えている、という状態でしょう。行動的な非エンゲージメントとは、努力をしても、失敗するとすぐにあきらめてしまうような状態と言えます。

学びのエンゲージメントと学習意欲

学びのエンゲージメントについてさらに理解を深めるために、ここでは動機づけ概念（おもに学習意欲）との関連について説明します。

(1) 内発的動機づけ、フロー、状態興味との関連

学びのエンゲージメントは、内発的動機づけとの共通性が高いと言えます。とくに、感情的・行動的エンゲージメントは内発的な動機づけ（過程）の中心に位置づけられます。興味・関心（感情的エンゲージメント）があって、課題の解決に熱中している（行動的エンゲージメント）学習状態こそ、内発的に動機づけられた状態であるからです。ただし、内発的動機づけは意識的に努力することもありますが、幼児や児童を中心に、興味・関心によって非意識的、無自覚に努力をしている（楽しんでやっている）という場合も多いよ

うに感じます。フロー（flow）のような、何か（この場合は学習）に没頭している状態も、内発的動機づけとほぼ同様であり、エンゲージメントとの共通性が高いと考えられます。さらに、状態興味（state interest：特定の対象に注意を向け、それに積極的に関与している状態）という概念もありますが、これもほぼ同様です。

エンゲージメントという概念は、動機づけられた状態を、行動面と感情面さらには認知面も含めて多面的にとらえている点が特徴です。

(2) 自己実現への学習意欲との関連

認知的エンゲージメントは、筆者が最近研究している「自己実現への学習意欲」（櫻井、二〇一七：この本では「自己実現のための学習意欲」と表現していました）や自己調整学習における自己調整機能と強く関連しています。

自己実現への学習意欲はすでに説明したとおり、小学校高学年のころから働きはじめる学習意欲であり、自分の興味や関心・長所・短所・適性などを自覚し、将来どのような仕事に就きたいか、どのような生き方をしたいかを検討し、その結果として将来の目標（人生の目標）を意識し（例えば、教師になりたい）、そうした目標の実現に向けて現実の学習を自律的に行おうとする学習意欲です。こうした意欲で学習をしている状態には、認知的エンゲージメントが必ず含まれています。

具体的な授業場面で言えば、将来の目標（人生の目標）と現在の学習を結びつけて身近な目標（例えば、算数テストでは85点以上を取りたい）を設定し、積極的に授業を受けたり問題を解いたりしている、というような状態です。

また自己調整学習における自己調整は、認知的エンゲージメントのひとつと言え、おもに認知やメタ認知の発達によって可能になります（例えば、櫻井、二〇一七）。小学校高学年以上になり、自己調整学習方略（精緻化やプランニング、モニタリングなど：表1-2参照）が使用できるようになれば、認知的エンゲージメントの基盤がほぼ完成したと言えます。すなわち、課題解決のための学習を計画し、学習活動をモニターし、そして学習のやり方を工夫して課題の解決に至るというプロセスを、自分の力でコントロールできるようになるのです。

2 自ら学ぶ意欲のプロセスモデルと「主体的に学習に取り組む態度」

本セクションでは「自ら学ぶ意欲のプロセスモデル」のなかに、「主体的に学習に取り組む態度」がどのように位置づけられるのかを、丁寧に説明します。そうすることによって、自ら学ぶ意欲のプロセスモデルに基づいて、「主体的に学習に取り組む態度」を育てる方法を体系的に論じることができます。

「見通し」と「学習活動」が「主体的に学習に取り組む態度」に当たる

「主体的に学習に取り組む態度」は、自ら学ぶ意欲のプロセスモデルにおける「見通し」と「学習活動」の部分におもに対応します（「本書の構成について」図0-1参照）。

図0-1で明らかにしたように、「自ら学ぶ意欲のプロセスモデル」のなかに「主体的に

学習に取り組む態度」をはめ込むと、「心理的欲求→自ら学ぶ意欲→『主体的に学習に取り組む態度』→学習結果→（学習結果についての判断と振り返り〈自己評価〉）→学習結果がもたらすもの（認知・感情：心理的欲求の充足）」という流れとなります。

表2-1は、表1-1に「主体的に学習に取り組む態度」を入れて、一連の過程（自ら学ぶ過程）をわかりやすく示したものです。また、表2-2では自ら学ぶ意欲と「主体的に学習に取り組む態度」との関係を詳細に示しています。

「主体的に学習に取り組む態度」の要素とは

表2-1と表2-2を参照しながら、「主体的に学習に取り組む態度」の構成要素と測定・評価のポイントについて、詳しくみていきます。

(1)内発的な学習意欲に対応する要素
――感情的エンゲージメント

自ら学ぶ意欲のうちの「内発的な学習意欲」に対応するのが感情的エンゲージメントで、ポイントは「興味・関心」と「楽しさ」です。

内発的な学習意欲はおもに知的好奇心に由来する学習意欲ですから、学習活動中には興味・関心（おもしろいと思うこと）があることと、学ぶことが楽しいことが原則です。そ

表2-1　心理的欲求から学習結果がもたらすもの（心理的欲求の充足）へのおおまかな流れ

心理的欲求	自ら学ぶ意欲	主体的に学習に取り組む態度	学習結果がもたらすもの（心理的欲求の充足）
		＜短期的な取り組み＞	
知的好奇心 →	内発的な学習意欲 →	学びのエンゲージメント (1)感情的エンゲージメント (2)認知的エンゲージメント (3)行動的エンゲージメント (4)社会的エンゲージメント 自己効力感 (5)自己効力感	→ 学ぶおもしろさや楽しさ
有能さへの欲求 →	達成への学習意欲 →		→ 有能感
向社会的欲求 →	向社会的な学習意欲 →		→ 自己有用感
		＜長期的な取り組み＞	
自己実現の欲求 →	自己実現への学習意欲 →	学びのエンゲージメント & 自己効力感 ((1)〜(5))	→ 充実感

表2-2　自ら学ぶ意欲から「主体的に学習に取り組む態度」への流れ

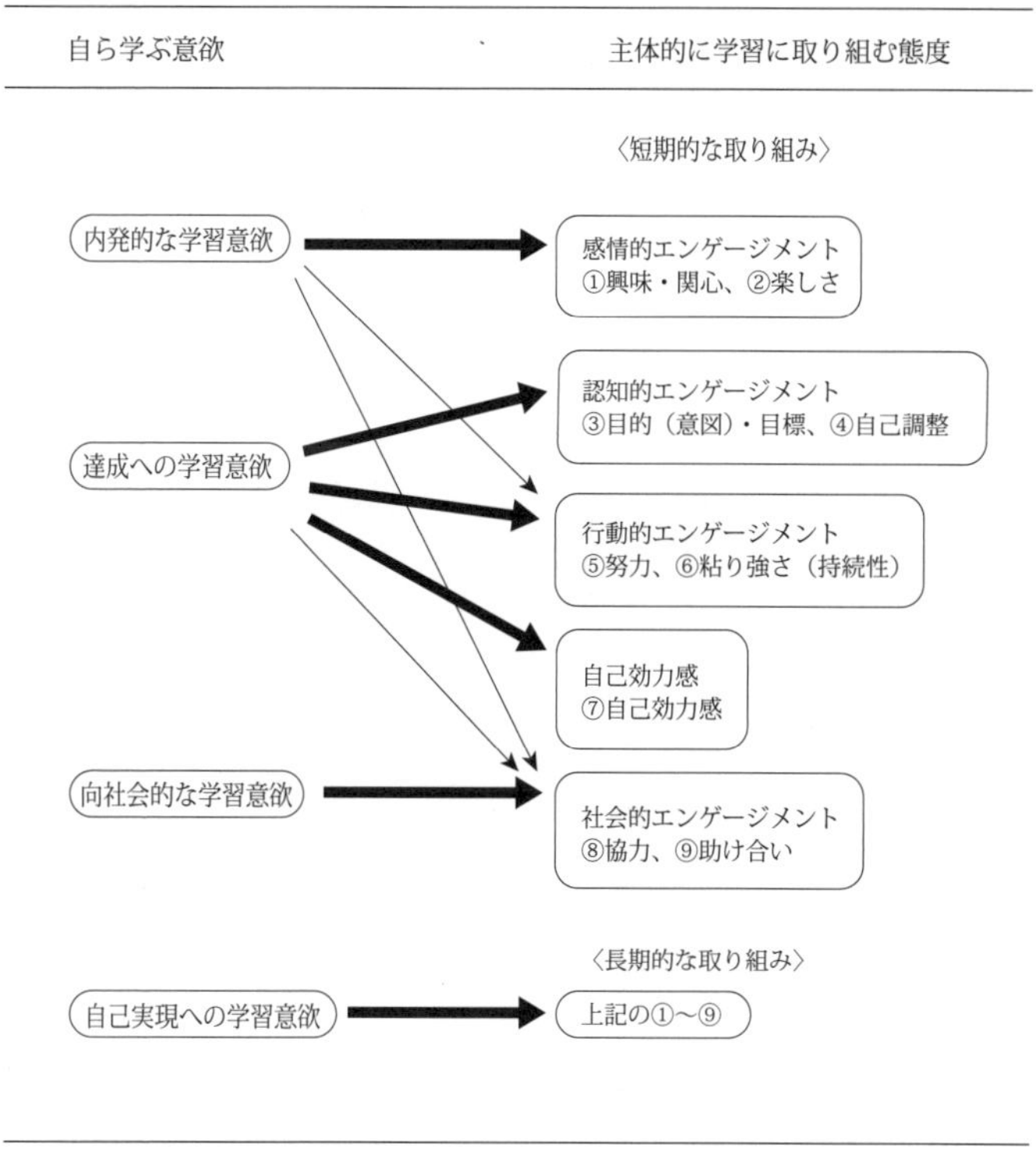

注）➡はメインの影響を、⟶はそれ以外の影響を示す。自己実現への学習意欲より〈短期的な取り組み〉への矢印（間接的な影響）は、煩雑なため省略した。①～⑨はポイントを示す。

れゆえ、内発的な学習意欲に基づく学習活動には、おもに感情的エンゲージメントという要素が対応します。そして、当該学習活動が必ずしも成功裏に終わらなくても、学習過程において学ぶおもしろさや楽しさを感じていますので、最終的にも「学ぶおもしろさや楽しさ」を感じて、知的好奇心という心理的欲求が充足されることになります。

さらに、内発的な学習意欲には有能さへの欲求も働いています（例えば、興味のあることを探求する過程では深く探究したいという気持ちも働く）ので、行動的エンゲージメントと社会的エンゲージメント（後述）にも対応し、粘り強くそして周囲の人とも協力するような学習活動が成功裏に終われば、有能感を感じます。有能感は有能さへの欲求を充足することになります。

(2) 達成への学習意欲に対応する要素
——認知的・行動的エンゲージメントと自己効力感

達成への学習意欲に対応するのは、これまでの学びのエンゲージメントで言えば、認知的エンゲージメントと行動的エンゲージメントの2つです。認知的エンゲージメントのポイントは「目的（意図）・目標」と「自己調整」、行動的エンゲージメントのポイントは「努力」と「粘り強さ（持続性）」です。

卓越した水準で学習活動を進めるには、それ相応の目的（意図）や目標が存在するはずです。目標等を達成するためには、自己調整が必要となります。ただし、小学校の低学年では自己調整は難しいため、この機能はおもに教師が担うことになります。そして、高学年になればメタ認知が発達し、子ども自身の力で自己調整ができるようになります。自己調整については新学習指導要領における「主体的に学習に取り組む態度」の典型例として挙げられています。

さらに、行動的エンゲージメントについては、目標達成にはそれなりの努力が必要であり、達成が難しい卓越した水準での目標達成を目指すなら、粘り強さ（努力の持続）が大事になるでしょう。内発的な学習意欲のところでも触れましたが、表2-2には内発的学習意欲から行動的エンゲージメントへの矢印もあります。これは、内発的な学習意欲によって興味・関心のあるテーマが決まると、その探究のため、自発的に努力や粘り強さが生じますが、そのことを示しています。粘り強さ（持続性）というポイントも、新学習指導要領の「主体的に学習に取り組む態度」の典型例として挙げられています。

また、学びのエンゲージメント（とくに行動的エンゲージメント）としては取り上げられていませんが、努力や粘り強さの背景には、「目標は努力をすれば達成できる」という自己効力感の存在がとても重要であると考えられます。そこで、表2-1、表2-2にあるように、達成への学習意欲に関係する「主体的に学習に取り組む態度」のひとつとして、自己効力感を新たに位置づけました。例えば「努力すれば、よい点が取れるようになると思って学んでいる」といった内容（態度面を含む）が挙げられますが、努力できるあるいは努力が持続できるのは、「やればできる」という自己効力感が働くためであることはPart1で説明しました。この要素（同時にポイント）は学業成績をもっともよく予測するため、「主体的に学習に取り組む態度」のひとつとして設定することはとても重要であると考えます。

さらにもうひとつ、社会的エンゲージメント（後述）も高い目標を達成するために必要なことは、内発的な学習意欲の場合と同様です。

達成への学習意欲に対応したこれらの主体的に学習に取り組む態度によって、目標が達成され（成功し）、そして原因帰属によってその原因が自分の努力や能力に帰属されれば（通常は努力して成功しているので努力には必ず帰属されるはずですが）、有能感を感じることができます。有能感によって、有能さへの欲求は充足されます。

(3) 向社会的な学習意欲に対応する要素——社会的エンゲージメント

向社会的な学習意欲に対応する学びのエンゲージメントについては、これまでの研究では見当たらなかったため、新たに「社会的エンゲージメント」を設定し、「周囲の人と協力したり助け合ったりして取り組んでいることあるいはその態度」と定義します。そしてそのポイントとして「協力」と「助け合い」の2つを挙げました。文字通り、子どもが授業等でクラスメイトと協力したり、助け合ったりして学習することです。例えば「クラスメイトと協力して学んでいる（協力）」や「グループ学習では、グループの人を助けるだけではなく、クループの人から助けられて学んでいる（助け合い）」といった内容が挙げられます。新学習指導要領では「対話的で深い学び」の実現を目指しており、この態度はそれに対応するものと考えられます。

クラスメイトとの協力や助け合いによって、クラスの目標が達成されたり、クラスメイトの役に立ったりすることができれば、自己有用感（最近は「社会的有能感」とも言います）や（学習に関する）有能感を感じることができます。また、自分がクラスメイトに助けてもらって、学習がうまく進んだり、興味深い課題が探求できたりした場合にもそれなりの（学習に関する）有能感を感じることができるでしょう。こうした自己有用感と有能感は向社会的欲求と有能さへの欲求を充足することになります。

右の説明ですでに気づかれた方もいると思いますが、「協力」や「助け合い」といった社会的エンゲージメント（態度）は、向社会的な学習意欲によってのみ生じるものではなく、より高い達成を目指す達成への学習意欲や興味・関心に基づく内発的な学習意欲によっても生じます。ある問題に対する優れた解決策は、自分一人で考えているときよりも、クラスメイトと協力して考えているときのほうが見出されやすいように思われます。また、内発的な学習意欲によって、興味深い課題を探究しているときにもこうした協力や助け合いが働きます。自ら学ぶ意欲のプロセスモデルに登場する「協同学習」といった学習活動がこれらに当たり、その結果として、自己有用感だけでなく有能感や学ぶおもしろさや楽しさも感じることになるのです。

(4) 自己実現への学習意欲に対応する要素——すべてのエンゲージメントと自己効力感

自己実現への学習意欲に対応する要素は、これまで紹介した4つのエンゲージメントと自己効力感（都合9つのポイント）のすべてです。ただし、長期的なものになります。いままで紹介してきた内発的な学習意欲、達成への学習意欲、そして向社会的な学習意欲に対応する「主体的に学習に取り組む態度」は、短期的ないし直近のもので、いまの学習と直接関係する態度ですが、自己実現への学習意欲は、将来や人生の目標を達成するための長期的な学習意欲であるため、長期的な学習と関係する態度になります。

もちろん、直近の学習目標も長期の学習目標の下位に位置づけられること（例えば、教師になるために、いまはテコの原理を習得しておくことは大事だというような場合）も多いので、間接的にいまの学習に影響しているとも言えます。長期のものとしては、例えば「将来の目標を達成するために、学習の計画を立てたり、学習の仕方を工夫したりしている」（長期の自己調整）というような態度が、とくに大事であると思われます。

さて、こうした態度によって学習活動（短期および長期のもの）がうまく進行すれば、充実感を得ることができます。そして充実感は、自己実現の欲求を充足することになります。

以上でこのセクションの説明は終わりますが、「自ら学ぶ意欲のプロセスモデル」のなかに位置づけられた「主体的に学習に取り組む態度」の具体的な要素とポイントを理解していただけましたでしょうか。もう一度、表2-1および表2-2によって確認をしてください。

3 「主体的に学習に取り組む態度」の測定と評価

前のセクションでは、学びのエンゲージメントを中心にして「主体的に学習に取り組む態度」を測定・評価するために、5つの要素とそれらに含まれる9つのポイント（ただし、自己実現への学習意欲に対応する、長期の学習過程における態度も含めると、倍の18のポイントになります）を明らかにしました。それらをまとめた表が表2-2でした。

本セクションではこうした成果に基づいて、実際に「主体的に学習に取り組む態度」を測定・評価する方法を提案します。

ただし、これらすべてのポイントをくまなく測定・評価することは、現実的にはかなり難しいかもしれません。そのような場合には、5つの要素を重視しながら、9つのポイントのいくつかを用いて測定・評価をすることでよいと思います。子どもの発達を考えると、長期の学習過程に対応する5つの要素（自己実現の学習意欲に対応する5つの要素）

については、小学校高学年くらいから測定が可能であり、そしてまた徐々に大事になります。それゆえ、小学校高学年くらいからはこうした事情に配慮して、要素（ならびにポイント）の選択を行うことが必要です。

質問紙法による測定・評価の方法を紹介する前に

心理学の世界では、「態度（構え・考え方・行動傾向など）」を測定するには、質問紙法、観察法、面接（学校では面談）法などの方法がありますが、ここでは簡便に使える質問紙法による測定・評価の方法について提案します。観察法や面接法による測定・評価の場合には、質問紙で用いられる質問項目の内容に基づき、教師がその内容で観察したり、子どもとの面談における質問で応用したりすればよいでしょう。質問紙法による質問項目が作成できれば、観察や面談にも使えるので、工夫してみてください。なお、こうした測定・評価の方法についての留意点は、無藤ほか（二〇二〇）などで解説されていますので、参考にしてください。

のちほど「主体的に学習に取り組む態度」を測定する具体的な質問項目を紹介しますが、ここではどのようなスタンスで作成するのかについて、2点まとめておきます。

(1)比較的安定した態度を測定する

「小学校高学年以上の子ども」を主たる対象者として、「学校での学習場面（授業が中心）における比較的安定した主体的に学習に取り組む態度」を測定・評価する質問紙の項目例を紹介することにします。

もし、ある教科の授業あるいは単元などでの（短期の）態度を測定・評価する場合には、項目の内容をその授業や単元に合わせて変更すれば使用できます（後掲の表2-3も参照）。創意工夫してみてください。

(2)選択肢や観点別評定はどのようにするか

質問項目に対する選択肢ですが、教師が回答する場合は「あてはまる」「まああてはまる」「どちらともいえない」「あまりあてはまらない」「あてはまらない」の5段階評定くらいでよいと思います。そして、観点別評定（ABCによる評定）に利用する際には、「あてはまる」が多ければA、「まああてはまる」が多ければB、「どちらともいえない」「あまりあてはまらない」「あてはまらない」が多ければC、と判断すればよいでしょう。

また、子どもによる自己評定用の質問項目として使用する場合には、小学校高学年以上であれば教師と同じように、「あてはまる」「まああてはまる」「どちらともいえない」「あまりあてはまらない」「あてはまらない」などの5段階評定くらいが、小学校低学年の場合には「はい」「どちらでもない」「いいえ」の3段階評定がよいと思います。ただし、小学校低学年の場合には評定する能力が未熟ですので、その点はご配慮ください。

実際の質問項目

実際の質問項目（例）を紹介します。4つのエンゲージメントと自己効力感（5つの要素、9つのポイント）を測定の枠組みとし（表2-2参照）、項目例として9つのポイントに対して2～3項目を表2-3にまとめました。

(1) 直近の学習活動を対象とする「主体的に学習に取り組む態度」の項目例

4つのエンゲージメントと自己効力感における各ポイントの項目例については、表2-3の「直近の学習活動を対象」列を参照してください。

(2) 長期の学習活動を対象とする「主体的に学習に取り組む態度」の項目例

この質問項目は、自己実現への学習意欲に対応しています。それゆえ子どもが、将来の目標や夢（なりたい職業など）をもっていることが前提となります。そして、質問内容

取り組む態度」５つの要素／９つのポイントの項目例

要素（[1]～[5]）／9つのポイント（①～⑨）
「長期の学習活動を対象」とした項目例*
・自分の成長に必要であると思うので、いまの学習も興味をもってしている。 ・将来の自分にとって重要であると思うので、いまの勉強も関心をもってしている。
・将来つきたい仕事のことを想像しながら、楽しく勉強している。 ・将来自分のために役立つと思うので、いまの学習は楽しくできている。
・将来の目標（なりたい職業など）を意識して学んでいる。 ・勉強は、自分の夢や将来の目標を叶えるために重要であると思ってしている。 ・学校で学ぶことは、夢（目標）の実現に必要であると思ってしている。
・長期の学習計画を立て、それを調整しながら学んでいる。 ・どういった勉強の仕方がよいのか、ときどき立ち止まりながら考え、工夫している。
・自分の将来のことを考えて、いまの勉強に一生懸命取り組んでいる。 ・あまり興味がない教科でも、将来のことを考えて頑張っている。 ・授業では、あまり関心がないことでも、将来役立つこともあると思うので、しっかり聞いている。
・難しい問題でも、将来の自分のためになると思うので、粘り強く努力している。 ・テストでよい点が取れなくても、夢や将来の目標を叶えるために必要だと思い、くじけずに努力している。
・将来の目標は必ず達成できると思って学んでいる。 ・いまはうまくできなくても、努力していれば、いつかはうまくできるようになると思って勉強している。 ・毎日努力をしていれば、自分の力は少しずつのばすことができると思って学んでいる。
・しっかりした社会人になるために、クラスメイトや友達と協力して学んでいる。 ・自分が成長するために大事であると思うので、クラスメイトと協力して学び､より深い理解ができるようにしている。（達成への学習意欲とも関連している項目）
・思いやりのある人になりたいので、自分がよくできる教科では、よくできないクラスメイトの学びを助けるようにしている。 ・大人になっても助け合うことは大事なので､自分がよくできない問題がある場合は､クラスメイトや友達にたずねるようにしている。（達成への学習意欲にも対応している項目） ・クラスメイトのお陰で、将来の自分にとって必要ではあるがいまは嫌いな教科でも、少しずつできるようになってきている。（達成への学習意欲や内発的な学習意欲にも対応している項目）

（注）*は自己実現への学習意欲に対応する。

表2-3 自ら学ぶ意欲と「主体的に学習に

自ら学ぶ意欲	「主体的に学習に取り組む態度」5つの		
			「直近の学習活動を対象」とした項目例
内発的な学習意欲	1感情的エンゲージメント		
		①興味・関心	・興味や関心をもって学んでいる。 ・授業で課された問題を解くことは「おもしろい」と思ってしている。
		②楽しさ	・楽しみながら学んでいる。 ・楽しく授業を受けている。
達成への学習意欲	2認知的エンゲージメント		
		③目的（意図）・目標	・何のために学ぶのかをわかって学んでいる。 ・学校の勉強は自分にとって大事だと思ってしている。
		④自己調整	・学び方を工夫して学んでいる。 ・うまく学べないときは、見通しを見直したり、学習のやり方を調整したりしている。
	3行動的エンゲージメント		
		⑤努力	・学校では一生懸命学んでいる。 ・授業では先生の話を一生懸命聞き、そしてよく考えている。
		⑥粘り強さ（持続性）	・粘り強く学んでいる。 ・よい点が取れないときでも、くじけずに努力している。
	4自己効力感		
		⑦自己効力感	・やればできると思って学んでいる。 ・努力すれば、よい点が取れるようになると思って勉強している。
向社会的な学習意欲	5社会的エンゲージメント		
		⑧協力	・クラスメイトと協力して学んでいる。 ・課題がうまく解けないときには、クラスメイトと一緒に考えることもしている。 ・クラスメイトと協力して勉強することで、より深い理解を目指している。（達成への学習意欲にも対応している項目）
		⑨助け合い	・クラスメイトと、わからないところは、教えたり教えてもらったりして学んでいる。 ・自分がよくできる教科では、よくできないクラスメイトの学びを助けるようにしている。 ・自分がよくできない問題では、クラスメイトにたずねて、できるだけできるようにしている。（達成への学習意欲にも対応している項目） ・クラスメイトのお陰で、嫌いな教科も好きなってきている。（あるいは、よくできるようになってきている）。（達成への学習意欲や内発的な学習意欲にも対応している項目）

は、直近の（おもに教科の）学習活動を対象にしたものと比べると、学校や家庭での学習活動全般が対象になります。

４つのエンゲージメントと自己効力感における各ポイントの項目例は、表2-3の「長期の学習活動を対象」列を参照してください。

(3) 簡便な調査用紙

(1)(2)の項目を参考に、簡略版の調査用紙（教師用、ただし子ども用あるいは保護者用にも転用可）を作成しました。表2-4をご参照ください。表2-3で例示したポイントで各1項目、ただし自己実現への学習意欲に対応するポイントについては、とくに重要と考えられる「目的（意図）・目標」「自己調整」「自己効力感」で3項目のみ作成されています。このくらい簡便なものであれば、忙しいときでも授業中の子どもの様子や面談した内容などから、比較的容易に評定できるのではないでしょうか。

市販されている心理検査（アンケート）について

本セクション等で紹介した「主体的に学習に取り組む態度」の要素を用いて作成された質問紙（アンケート）が、新版の教研式標準学力検査ＣＲＴ（北尾ほか、二〇二〇）に

表2-4　教師用「主体的に学習に取り組む態度」の調査用紙（簡略版）

この子＿＿＿＿＿＿＿＿(or あなた）*は、学校の授業（or 算数の授業 or 家庭の勉強）**で、どのように学んでいますか。

★評定：「あてはまる(5)」「まああてはまる(4)」「どちらともいえない(3)」「あまりあてはまらない(2)」「あてはまらない(1)」の５段階で評定。
★つぎの質問項目について上記の(1)~(5)で評定してください。文末の（　）内にその数字を記入してください。

●<いま（普段）の学習目標を達成するために>***
①興味や関心をもって学んでいる。(　　)
②楽しみながら学んでいる。(　　)
③何のために学ぶのかをわかって学んでいる。
or 学びの目的やめあてを意識して学んでいる。(　　)
④学び方を工夫して学んでいる。(　　)
⑤一生懸命学んでいる。(　　)
⑥粘り強く学んでいる。(　　)
⑦やればできる、と思って学んでいる。(　　)
⑧クラスメイトと協力して学んでいる。(　　)
⑨クラスメイトと、わからないところは、教えたり教えられたりして学んでいる。(　　)

●<長期の目標（将来の目標）を達成するために>
⑩ - ③将来の目標（なりたい職業など）を意識して学んでいる。(　　)
⑪ - ④長期の学習計画を立て、それを調整しながら学んでいる。(　　)
⑫ - ⑦将来の目標はだいたい達成できると思って学んでいる。(　　)

（注）*は子どもが自己評定する場合、**は授業以外の場合（「家庭の勉強」というのは保護者が評定することを想定）である。***の①～⑨はポイント（表2-2）に対応する。

組み込まれます。もちろん子どもも用です。予備調査で得られたデータによると、このCRTで測定される「主体的に学習に取り組む態度」は、学力（同社の教研式標準学力検査NRTを使用）との間に予想通りの関係（態度が高くなると学力も高くなるという関係）が明らかになりました。一部のデータを紹介します。

図2-1は、小学校5・6年生327名を対象に、「主体的に学習に取り組む態度」（アンケート）の総得点を5段階に分けて、算数の学力偏差値との関係を棒グラフで表したものです。一目瞭然ですが、「主体的に学習に取り組む態度」が高いほど、算数の学力偏差値も高く、「主体的に学習に取り組む態度」でもっとも低い群（1群）ともっとも高い群（5群）の間には学力偏差値で11・44ポイントもの差がありました。

ただし、知能検査が実施されていないため、その影響を取り除いた検討を今後行う予定

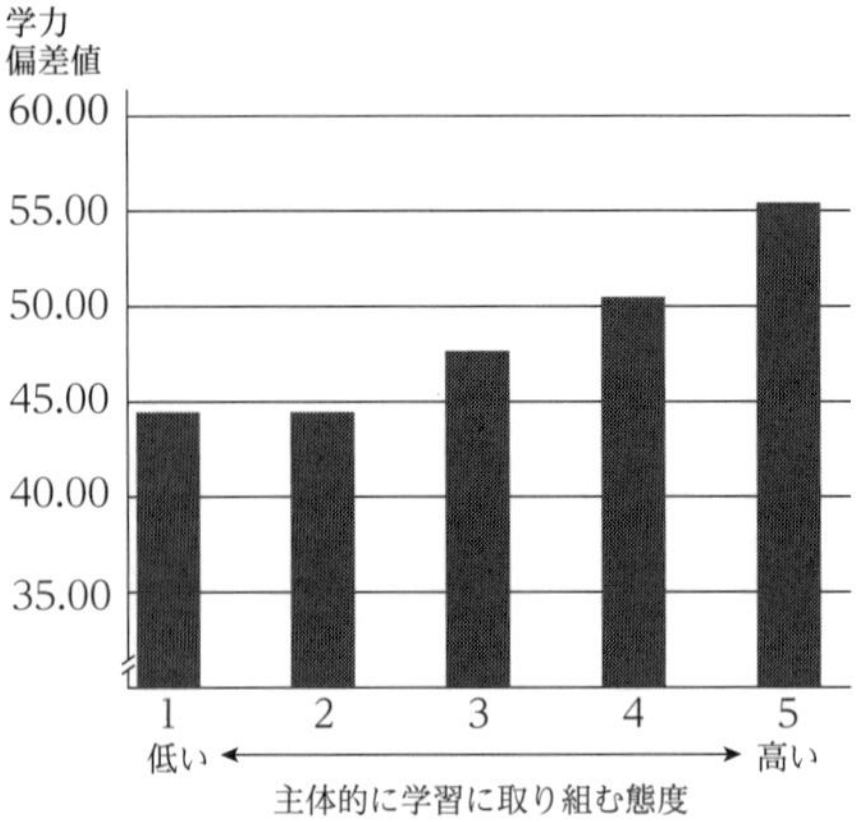

図2-1　「主体的に学習に取り組む態度」と算数（小学5・6年）の学力偏差値（NRT）の関係

です。しかし、「主体的に学習に取り組む態度」が高いほど学力も高くなることは実証され、国語でも算数と同じような結果が報告されています。

新版CRTで測られる学力には、新学習指導要領の観点別学習状況の評価における2つの観点、すなわち「知識・技能」と「思考・判断・表現」に基づく学力が反映されています。「主体的に学習に取り組む態度」を含めた3つの観点はおそらく相互に関係し、いずれの観点における評価もその他の観点における評価と中程度以上には関係しているものと考えられます。3つの観点の評価が大きくかけ離れることはないでしょう。

このような新版CRTをうまく利用して、子どもの「主体的に学習に取り組む態度」を育むことができれば、学力アップは間違いないものと思われます。「主体的に学習に取り組む態度」のなかでどのような要素が足りないのか、どのような要素がうまく機能していないのか、などの細かい情報も得られるため、新版CRTは観点別の学力を測るうえで画期的な検査と言えます。

4　「主体的に学習に取り組む態度」によって期待される成果

「学びのエンゲージメント」の研究をもとに、「主体的に学習に取り組む態度」がもたらす効果について紹介します。結論から先に言えば、もっとも大きな効果は「学業成績の向上」です。新学習指導要領では、この効果を期待して新たな態度の評価を提案しているわけですが、そのことが学びのエンゲージメントの研究で実証的に示されているのです。

それでは主要な研究を紹介します。Reeve & Tseng（2011）は、高校生を対象に、学びのエンゲージメントと学業成績の関係を分析し、学びのエンゲージメントが高くなると学業成績も高くなるという関係を報告しています。また、パス解析という統計手法によって、学業成績にもっとも強く影響するのは認知的エンゲージメントであることも明らかにされました。「主体的に学習に取り組む態度」のなかで、自己調整が強調されているゆえんかもしれません。

また、梅本・伊藤・田中（二〇一六）は、大学生を対象に、授業における学びのエンゲージメントの効果を検討していますが、感情的エンゲージメントも行動的エンゲージメントもテスト得点に多少の影響はするものの、パス解析を行うと、感情的エンゲージメントが行動的エンゲージメントに影響し、行動的エンゲージメントがテスト得点にプラスに影響することが明らかになりました。こうした行動的エンゲージメントの効果は、これまでの内発的動機づけ研究の結果（例えば、櫻井、二〇〇九）とほぼ同じです。また、「主体的に学習に取り組む態度」のなかで、粘り強さが強調されていることとも一致しています。

さらに外山（二〇一八）は大学生を対象に、学習実験場面における学びのエンゲージメントを測定し、このエンゲージメントと学習成績との関係を検討しました。この実験は、実験課題として多様な課題（拡散的思考課題、計算課題、タイピング課題、ストループ課題）が用いられた点に特徴があります。

分析の結果、いずれのエンゲージメントもいずれかの課題成績と関係があり、エンゲージメントが高くなると成績も高くなりました。ただし、その強さは課題の種類によって異なることも明らかになりました。詳しい分析の結果、総合的にみると、成績にもっとも強く影響するのは感情的エンゲージメントであり、つぎが認知的エンゲージメントでした。課題の種類がエンゲージメントと成績の関係に影響することは新たな発見と言えます。

この研究では感情的エンゲージメントも成績にそれなりに影響するということで、これまでの研究をまとめると、学びのエンゲージメントが成績に影響を及ぼすことは確かであり、どのエンゲージメントが強く影響するかは、学習課題の種類に左右されると言えそうです。研究は多くはありませんので、今後さらなる検討が必要でしょう。

また、関連する知見（例えば、Reeve, 2009; Skinner, Kindermann, Connell, & Wellborn, 2009）によると、学びのエンゲージメントは高い学業成績、とくに「質の高い」学業成績をもたらすことが期待できるとされます。わが国ではこの点の検討も必要です。

さらにわが国の研究の多くは大学生や高校生を対象としており、小学生や中学生を対象にした本格的な研究が急務であると言えます。先に紹介した新版CRTの態度に関する質問紙（アンケート）とNRTの学力との間にプラスの関係が見出されたという報告はこうした研究の先駆けとして高く評価できると思います。

5 「主体的に学習に取り組む態度」と関連する諸要因の測定と評価

セクション3では、「主体的に学習に取り組む態度」を測定・評価する方法について説明し、教師用の調査用紙（簡略版）（表2-4）を最後に紹介しました。「態度」はおもに行動傾向を意味するため、教師の観察による結果をこうした調査項目に落として測定・評価することは、とても有意義で妥当性が高い（測りたいものをしっかり測っている）方法と言えます。

一方、自ら学ぶ意欲のプロセスモデルによれば、「主体的に学習に取り組む態度」はおもに「見通し」と「学習活動」（図0-1参照）にあたり、これらの要因の前には「心理的欲求」と「自ら学ぶ意欲」が、その後には「結果」を介して「振り返り（自己評価）」や「認知・感情（心理的欲求の充足）」があります。少なくとも、直前の①「自ら学ぶ意欲」、最後の②「認知・感情（心理的欲求の充足）」、さらに「振り返り（自己評価）」における③「原因帰属（様式）」については、子どもを対象に測定・評価をすることが大事であると思われます。

なぜならば、こうした要因の状況が把握できれば、一連の学習過程において教師はどのような対応をしたら「主体的に学習に取り組む態度」が高まり、そして望ましい結果が得られるのかが適切に判断できるからです。子どもの学習過程をうまく進行させるためにこうした要因の理解が必要なのです。

そこで、このセクションでは、自ら学ぶ意欲、原因帰属（様式）、心理的欲求の充足における認知・感情、そして学習意欲がない状態としての無気力の4つの要因について、子どもを対象に自己評定する質問項目ならびに簡略な質問紙を紹介したいと思います。

なお、質問項目に対する選択肢ですが、小学校高学年以上は、「あてはまる（5点）」、「まああてはまる（4点）」、「どちらともいえない（3点）」、「あまりあてはまらない（2点）」、「あてはまらない（1点）」、の5段階評定くらいが適当と思われます。小学校低学年で使うとすれば、「はい（3点）」、「どちらでもない（2点）」、「いいえ（1点）」、の3段階評定が無理のないところでしょう。

自ら学ぶ意欲の測定と評価

自ら学ぶ意欲は4つの要素から構成されているため、各要素については以下のような質問をすればよいと思います。最初の教示は「あなたが〈勉強をする理由〉(例えば、「数学の勉強をする理由」など適宜変更することが可能)は何ですか。つぎに示された各文章の内容が自分にどれくらい当てはまるかを答えてください」でよいでしょう。

(1)内発的な学習意欲
①学ぶことに興味・関心があるから
②学ぶことがおもしろいから
③学ぶことが楽しいから
(2)達成への学習意欲
①できるだけ多くの問題に正解したいから
②高い目標を達成したいから
③よい成績を取りたいから
④友達が考えないような新しい解き方を発見したいから

なお、これら達成への学習意欲の項目については、さらにその上位にある理由をたずねることが必要かもしれません(表2-5参照)。なぜならば、「友達にバカにされたくない」というような他律的な学習意欲によって引き起こされる達成への学習意欲もあるからです。

(3)向社会的な学習意欲

①クラスメイトに勉強でわからないところを教えてあげたいから
②クラスメイトと協力して課題を解きたいから
③グループ学習では助け合って問題を解決したいから

(4)自己実現への学習意欲

①志望する仕事につきたいから
②自分の将来に役に立つから
③充実した将来のために必要だから
④自分の能力を十分に発揮したいから

また、他律的な学習意欲についてもつぎのような質問項目でとらえることができます。

①勉強をしないと先生や親がうるさいから
②恥をかきたくないから
③友達にバカにされたくないから
④ごほうびがほしいから
⑤お金持ち（有名）になりたいから

得点化した場合には、自ら学ぶ意欲は高得点のほうが望ましく、他律的な学習意欲は低得点のほうが望ましいと言えます。ただ、他律的な学習意欲が高くてもそれほど心配する必要はありません。自ら学ぶ意欲がそれ以上に高ければ問題はないでしょう。バランスの問題と考えてください。

原因帰属（様式）の測定と評価

学業での成功や失敗（おもに目標が達成されたか、達成されなかったか）を、どのような原因に求めるかを「原因帰属」と言い、安定した原因帰属（いろいろな学習場面で同じような原因に帰属する傾向）のことを「原因帰属様式」と言います。原因帰属はつぎのような質問（樋口ら、一九八三を参考に作成：厳密に原因帰属様式という場合には、数個の場面が必要となります）で測定できます。

選択肢は「そう思う（5点）」、「ややそう思う（4点）」、「どちらでもない（3点）」、「ややそう思わない（2点）」、「そう思わない（1点）」、です。後掲の表2-5の2（選択肢の表現はすべて明示する必要があります）のように示すと子どもにも理解しやすいと思います。

まず成功場面については、「あなたがよい成績をとったとしたら、その原因はどんなことだと思いますか。つぎの5つの原因について、どのくらいあなたにあてはまるかを答えてください」とし、①一生けんめいやったから、②能力や才能があるから、③からだの調子や気分がよかったから、④習ったことがやさしかったから、⑤運がよかったから、の原因を提示します。

つづいて失敗場面については、「あなたが悪い成績をとったとしたら、その原因はどんなことにあると思いますか。つぎの5つの原因について、どのくらいあなたにあてはまるかを答えてください」とし、①一生けんめいやらなかったから、②能力や才能がないから、③からだの調子や気分が悪かったから、④習ったことがむずかしかったから、⑤運が悪かったから、の原因を提示します。

成功場面では、①の努力要因や②の能力要因に帰属すると有能感が高まります。能力要因を強調する子どもは失敗場面でも「能力がないから」といった能力要因に帰属しやすいため、能力と努力のどちらにも帰属するほうがよいと言えます。一方、失敗場面では、おもに①の努力要因に帰属することによって、意欲の低下を防ぐことができます。

学習結果がもたらすもの（心理的欲求の充足）としての認知・感情の測定と評価

自ら学ぶ意欲のプロセスモデル（図1-4参照）によると、結果がもたらすものとしての4つの認知・感情が生じると心理的欲求が充足されることになります。その4つの認知・感情はつぎのような質問項目によって測定することができます。

(1)学ぶおもしろさや楽しさ
・勉強することは楽しいと思う
・学ぶことは好きだ
・失敗しても学ぶことはおもしろい（内発的な学習意欲の大きな特徴）

(2)有能感
・勉強はできるほうだと思う
・学校のテストではよい点が取れる
・難しいといわれる問題でも解ける自信がある

(3)自己有用感
・勉強ではクラスメイトから頼りにされていると思う
・自分はクラスの重要なメンバーだと思う
・教室では落ち着いて授業を受けられる（居場所感）
・教室ではリラックスして学んでいる（居場所感）
※子どもの多くは「自分がクラスのなかで重要なメンバーである」といった「自己有用感」（最近は「社会的有能感」と言うことも多い）を感じることもありますが、なかには

控えめに「教室が自分の居場所になっている」程度に感じる子どももいます。そのため、教室が自分の居場所になっていることも項目内容として挙げました。

(4)充実感

・生き生きと学んでいる
・学ぶことは自分の将来につながっていると思う
・勉強をしていて、充実していると思うことが多い

※学習に特化した充実感となることに注意し、小学校高学年から使用します。

学びの場面に特化した無気力の測定と評価

最後に、自ら学ぶ意欲とは正反対の状態として、「無気力」(学習に関するもののみ)をとらえる質問項目を紹介します。現在、無気力や抑うつは世界中で大きな問題になっており、学習場面に限っても問題になることが多い状況です。ここでは、一般的な無気力ではなく学習に特化した、すなわち「学習時間以外は結構元気に活動しているが、学習時間になると無気力になる」といった子どもの、無気力を測定できる質問項目を挙げます。

・勉強が手につかない
・勉強をはじめても根気がつづかない

・難しいことを考えることができない
・学習に集中できない

こうした項目の複数に肯定的な回答をした子どもは、要注意です。個別に面談して状況を詳しく把握するとともに、スクールカウンセラー等とも協力して、早い段階で対応することが重要です。「無気力ではあるが、学習場面における教師の対応で意欲の回復は可能である」と判断する場合、あるいは医師やカウンセラーにそのように診断してもらった場合には、子どもに寄り添い話を聞きながら、授業等がうまく理解できるように、そしてテストでよい点が取れるように、指導を重ねることが大事になります。

このセクションを終えるにあたって、各要素をすべて詰め込んだ「子ども用『学習意欲に関連する要因』の調査用紙」（簡略版）（表2-5）を作成しました。学問的というよりは現実的に、簡便に子どもの学習意欲に関連した要因を調べることができる調査用紙です。その旨を理解し、必要と思われる場合は加筆・修正をしてお使いください。

表2-5　子ども用「学習意欲に関連する要因」の調査用紙（簡略版）

★つぎの質問に答えてください。

1. 学校や家で勉強する理由は何でしょうか。

(1) おもしろいから	あてはまる	あてはまらない
(2) よい成績を取りたいから （その理由：　　　　　　　　　）	あてはまる	あてはまらない
(3) クラスメイトに勉強でわからないところを教えてあげたいから	あてはまる	あてはまらない
(4) 自分の将来に役立つから	あてはまる	あてはまらない
(5) 勉強をしないと親や先生がうるさいから	あてはまる	あてはまらない
(6) 友達にバカにされたくないから	あてはまる	あてはまらない

2. つぎのようなことが起きたとしたら、その原因は何だと思いますか。

(1) あなたがよい成績をとったとしたら、その原因は、

①一生けんめいやったから	そう思う	そう思わない
②能力や才能があるから	そう思う	そう思わない
③からだの調子や気分がよかったから	そう思う	そう思わない
④習ったことがやさしかったから	そう思う	そう思わない
⑤運がよかったから	そう思う	そう思わない

(2) あなたが悪い成績をとったとしたら、その原因は、

①一生けんめいやらなかったから	そう思う	そう思わない
②能力や才能がないから	そう思う	そう思わない
③からだの調子や気分が悪かったから	そう思う	そう思わない
④習ったことがむずかしかったから	そう思う	そう思わない
⑤運が悪かったから	そう思う	そう思わない

3. 勉強をしていて、どの程度、つぎのような気持ちになりますか。

(1) 勉強することはおもしろいし、楽しいと思う	そう思う	そう思わない
(2) 勉強はできるほうだと思う	そう思う	そう思わない
(3) 勉強ではクラスメイトから頼りにされていると思う	そう思う	そう思わない
(4) 充実していると思う	そう思う	そう思わない

4. いま、つぎのような状態になっていますか。

(1) 勉強が手につかない	はい	どちらともいえない	いいえ
(2) むずかしいことを考えることができない	はい	どちらともいえない	いいえ
(3) 勉強に集中できない	はい	どちらともいえない	いいえ

（注）1. は自ら学ぶ意欲（(5)(6)は他律的な学習意欲）、2. は原因帰属、3. は心理的欲求の充足、4. は学習における無気力を測定する。選択肢の表現は一部略している。

Part 3

「主体的に学習に取り組む態度」の発達と育て方

Ｐａｒｔ2では、「主体的に学習に取り組む態度」の測定および評価の方法について、おもに「学びのエンゲージメント」という概念を用いて新たな提案をしました。さらに「主体的に学習に取り組む態度」と関連する要因として、「自ら学ぶ意欲」、「原因帰属（様式）」、心理的欲求の充足を意味する「学ぶおもしろさや楽しさ」「有能感」「自己有用感」「充実感」、そして学習に向かう意欲がない状態としての「無気力」についても、測定と評価の方法について簡単に紹介しました。

このＰａｒｔ3では、「主体的に学習に取り組む態度」の測定・評価の結果に基づき、この態度の育て方について説明します。ただし、「主体的に学習に取り組む態度」には発達的な変化があるため、まず発達のあり方を押さえ、次に育て方の基本、そして育て方の具体的な方法へと、順次説明していきます。

1 「主体的に学習に取り組む態度」の発達

これまで何回か説明している通り（図0-1など参照）、「主体的に学習に取り組む態度」は、自ら学ぶ意欲のプロセスモデルにおいておもに「見通し」と「学習活動」の部分に当たりますが、これらの前には「自ら学ぶ意欲」と「心理的欲求」といった要因が位置します。それゆえ、「主体的に学習に取り組む態度」の発達についても当然のことながら、「心理的欲求」および「自ら学ぶ意欲」（出発点は心理的欲求）の発達と連動します。

心理的欲求の発達と連動する「主体的に学習に取り組む態度」の発達

心理的欲求の発達ならびにこれと連動する「主体的に学習に取り組む態度」の発達について みていきましょう。

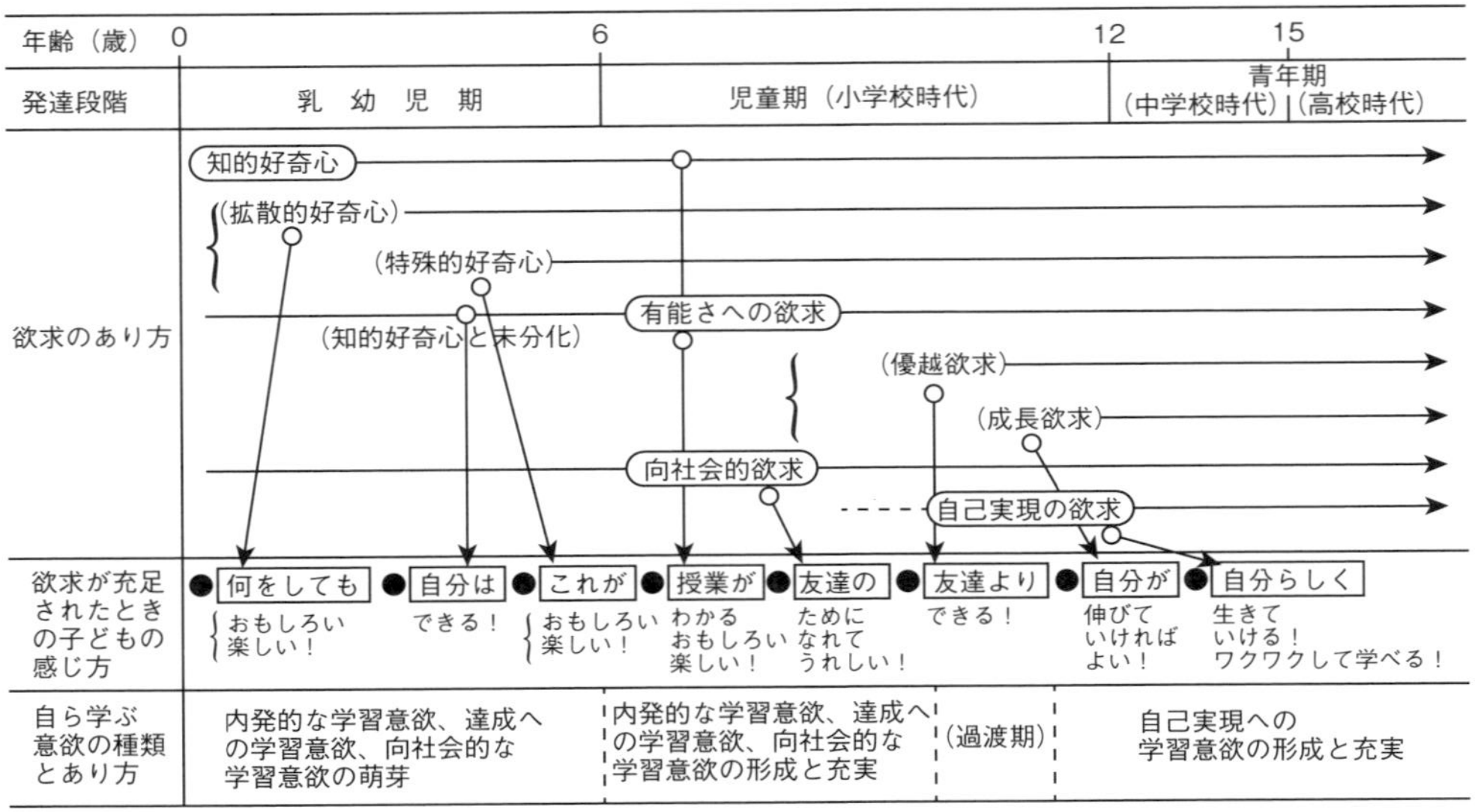

図3-1　発達段階、欲求のあり方、欲求が充足されたときの子どもの感じ方、欲求の充足によって引き出される自ら学ぶ意欲の種類の関係

図3-1は子どもの発達段階（乳幼児期、児童期、青年期）に沿って、①4つの心理的欲求がどのように発達するのか、②心理的欲求が充足されると子どもはどのような気持ち（認知や感情）になるのか、③心理的欲求によって喚起される4つの自ら学ぶ意欲はどのように発達するのか、がわかりやすく示されています。

図3-1は、拙著（2019b）に掲載した図を修正したものです。元の図からのおもな修正点は、①有能さへの欲求によって喚起される「達成への学習意欲」と向社会的欲求によって喚起される「向社会的な学習意欲」を明示したこと、②向社会的欲求が活発化する時期を、児童期の後期（小学校高学年）から児童期の前期（小学校低学年）に早めたこと、です。

後者の②についてさらに解説すると、向社会的欲求が大人と同じように第三者（直接顔を合わせない人たち、例えば、アフリカのある国において貧困で窮しているような人たち）に対しても働きはじめるのは、従来通り小学校高学年から中学校のころなのですが、クラスメイトや友達に対して、すなわち身近な人に対して働くようになるのは遅くても小学校時代であるため、このように改めました。

これらの修正に伴って、図3-1の底辺に示されている「自ら学ぶ意欲の種類とあり方」も、幼児期は「内発的な学習意欲」「達成への学習意欲」「向社会的な学習意欲」の萌芽の時期、児童期はそうした学習意欲の形成と充実の時期、そして「自己実現の欲求」が萌芽する過渡期を経て、早ければ児童期後期以後は「自己実現への学習意欲」の形成と充実（もちろん、従前の3つの学習意欲も働きます）の時期、と改めました。

図3-1に沿って、心理的欲求の発達（もちろん自ら学ぶ意欲を経由します）に連動する「主体的に学習に取り組む態度」の発達について説明します。Part2の表2-1と表2-2もあわせて参照してください。なお、自己実現の欲求（もちろん自己実現への学習意欲を経由します）と連動する「主体的に学習に取り組む態度」との関係については、すべての「主体的に学習に取り組む態度」と関係しますが、なかでも「認知的エンゲージメント」との関係が強いので、「認知的エンゲージメント」のところで説明します。

(1) 感情的エンゲージメント

主体的に学習に取り組む態度のひとつである「感情的エンゲージメント（興味・関心と楽しさ）」に影響するのは、知的好奇心と有能さへの欲求（ここでは自己実現の欲求は長期のものなので除いておきます）です（表2-1と表2-2参照）。知的好奇心は図3-1にある通り、乳幼児のころから働きます。なかでも、いろいろなことに興味・関心をもってそれらを探求しようとする拡散的好奇心はもっとも早い時期から、そしてその子の個性とも言える特殊的好奇心、すなわちその子がとくに興味・関心をもつものに対して発揮される強い探究心は3歳のころから働きはじめます。一方、有能さへの欲求は遅くても幼児のころから働きますが、本格化するのは児童期になってからでしょう。

それゆえ、感情的エンゲージメントは小学校のころには可能となります。一般に拡散的好奇心は幼児期が強いと言われますが、小学校低学年のころでもかなり強いでしょう。また、特殊的好奇心と有能さへの欲求は成長とともに少しずつ強くなりますが、全体としてみれば、感情的エンゲージメントは中学生よりも小学生、それも低学年でより多く表れると考えられます。

(2) 認知的エンゲージメント、行動的エンゲージメント、自己効力感

「認知的エンゲージメント（目的〈意図〉・目標と自己調整）」と「行動的エンゲージメント（努力と粘り強さ〈持続性〉）」と「自己効力感」は、いずれも有能さへの欲求の影響を受けます。

認知的エンゲージメントについては、先に述べた通り、自己実現の欲求の影響も強く受けます。まず有能さへの欲求は児童期から本格的に働くので、認知的な発達と相まって徐々に授業の目的や意図（ねらい）を理解し、具体的な目標をもって学ぶことができるようになるでしょう。ただし認知的な発達との関係で、小学校低学年の子どものなかにはこうしたことがまだ困難な子どももいるので、そうした子どもには教師によるサポートが必要です。目的やねらいを繰り返し具体的に説明するとよいでしょう。

自己調整については、有能さへの欲求もさることながら、メタ認知の発達の影響を強く受けます。したがって、メタ認知が発達してくる小学校高学年くらいから可能になります。それまでは、教師が学習の仕方について授業で具体的に説明したり、机間指導をしながら個別にアドバイスしたりすることが必要です。メタ認知の発達によって、そうした調整が自分でできるようになります。

自己実現の欲求は小学校高学年のころから働くようになるので、認知的エンゲージメントのひとつのポイントである「目的（意図）・目標」に関しては、将来のことを意識し長期的な目標（将来や人生の目標）をもって学びつづけること、さらにもうひとつのポイントである「自己調整」に関しては、将来のことを意識して長期の学習計画を立案しそれに沿って（必要があるときはそれを修正して）学びつづけること、が可能となります。ただし、可能とは言っても小学校高学年のころはメタ認知の個人差が大きいため、できる子もいれば、できない子もいます。こうしたことを念頭に置いて、きめ細かな指導をすることが重要です。

行動的エンゲージメントと自己効力感については、おおむね有能さへの欲求の影響を受けますので、児童期（小学校時代）から可能となります。

(3)社会的エンゲージメントについて

「社会的エンゲージメント（協力・助け合い）」に影響するのは向社会的欲求、有能さへの欲求、知的好奇心（ここでは自己実現の欲求は長期のものなので除いておきます）です。知的好奇心と有能さへの欲求は、小学生で働くことはすでに説明しました。向社会的欲求も児童期（小学校時代）から働きます。それゆえ、社会的エンゲージメントも小学生から可能となります。

少々長い説明になりましたので、以上のことを簡潔にまとめるとつぎのようになります。

①感情的エンゲージメント：小学生から。
②認知的エンゲージメント：小学生から、授業のねらいを理解し目標をもつことはできる。将来の目標は小学校高学年以上になってから。もちろん、自己調整も小学校高学年以上になってから。これらはメタ認知の発達に強く影響される。
③行動的エンゲージメント：小学生から。
④自己効力感：小学生から。
⑤社会的エンゲージメント：小学生から。

「主体的に学習に取り組む態度」を構成する要素の相対的な強さ

前のセクションでは、心理的欲求の発達に連動して（場合によっては認知的な発達の制約も受けて）、「主体的に学習に取り組む態度」の各要素がどのように発達するのか、あるいはどの時期からそうした要素がしっかり働くようになるのかについて説明し、最後に要点をまとめました。

そこで本セクションでは、「主体的に学習に取り組む態度」の5つの要素（感情的エンゲージメント、認知的エンゲージメント、行動的エンゲージメント、自己効力感、社会的エンゲージメントの5つ）について、①小学校低学年、②小学校高学年、③中学校の3つの時期に分けて、各要素の相対的な強さ（予想）をまとめます。それぞれの時期にどのような「主体的に学習に取り組む態度」が強いのかを理解しておけば、各時期における学習指導をより適切に行えるのではないかと思います。

図3-2では、各時期（学校段階）における4つのエンゲージメントの合計を100（％）として、その相対的な強さを（下の方に）図示しています。さらに、自己効力感についてはは小学校低学年を100として、その後の変化を（上の方に）図示しています。

(1) 自己効力感

まず単純な自己効力感の変化から説明しましょう。

自己効力感の強さは、小学校低学年を100とすると、小学校高学年は80程度、中学校では60程度になると予想しています。小学校低学年では幼児期の万能感が残っているため、何でもやればできる（ようになる）と思っています。したがって、客観的な事実（あれはできたが、これはできなかったという事実）に基づく効力感ではない可能性が高いと思われますが、それでも、頑張ろうという気持ちにつながっていることは確かです。この時期の値を100としました。客観的にできる・できないということが強く影響するようになる小学校高学年では、自己効力感（やれ

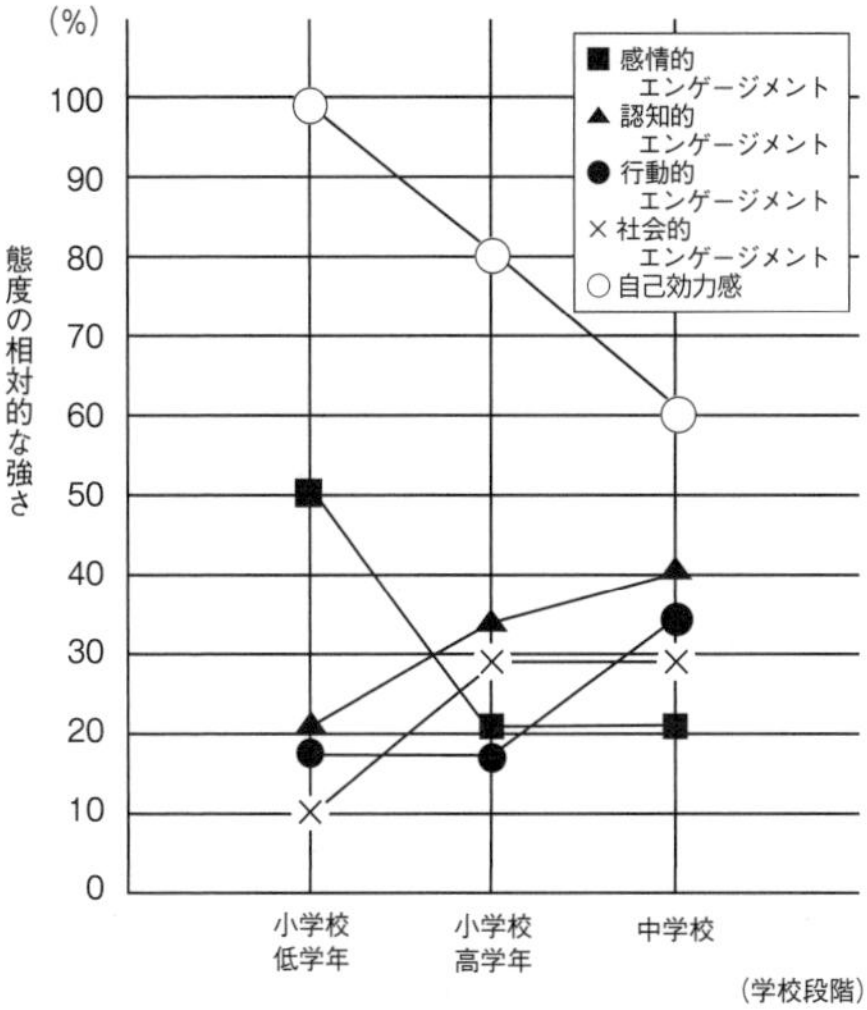

図3-2 学校段階別にみた「主体的に学習に取り組む態度」の各要素の相対的な強さ

ばできるという気持ち）は多少減少し、80程度になるものと見積もりました。

そして中学校では、自己効力感の評価は他者との比較を通してかなり客観的になります。しかも得意な教科と不得意な教科ではその値に大きな開きがでてきます。学習全体での平均的な値は60程度と見積もりました。この段階では、効力感は得意な教科で高く（80前後）、不得意な教科で低く（40前後）なっても大きな問題にはならないと思われます。得意な教科での効力感が高ければ、自分は大丈夫、という自己肯定感が維持され、多くの学習活動がそれなりに展開できるものと考えます。

例えば、中学校時代の私の場合、数学と社会が得意で効力感は高く、国語と英語は不得意で効力感は低かったように思います。それでも、何とか高校受験に向けて頑張ることができたと記憶しています。もちろん、よい点が取れない教科で悩むことはありましたが、そうした場合には先生や先輩に相談にのってもらい、「得意な教科があれば（その効力感が高ければ）そう心配する必要はないし、自分の将来の目標の達成を目指してがんばれば大丈夫！」といった激励のことばをかけてもらいました。

⑵エンゲージメント

つぎに、エンゲージメントについて説明します。

小学校低学年では、内発的な学習意欲に関連する感情的エンゲージメント（50％程度）

がもっとも高いと思われます。学ぶことがおもしろい、楽しいということによって、多くの学習活動がうまく展開できるはずです。そのほかのエンゲージメントは表れないということではありません（10～20％程度）が、まずは感情的エンゲージメントに注目することが大事です。

小学校高学年になると、感情的エンゲージメントの割合が小さくなり（20％程度）、認知的および社会的なエンゲージメントのそれが大きくなります（30％程度）。認知の発達、とくにメタ認知が急速に発達し、学習の目標を主体的に設定したり、どのような方法で学習を進めればうまく習得できるかといった学習のやり方（学習調整方略）についての知識が増え、それらを上手に使えたりするようになります。ただし、設定した目標に対して、自己調整学習方略を巧みに利用して粘り強く挑むような行動的なエンゲージメント（20％程度）は、中学校になってから本格化するでしょう。仲間関係が充実してきますので、社会的エンゲージメントがうまくでき、クラスメイトと協力したり助け合ったりして学ぶようになります。この時期は認知的エンゲージメントと社会的エンゲージメントに注目するとよいでしょう。

中学生になると、認知的エンゲージメントの割合がもっとも大きく（40％程度）、行動的エンゲージメント（30％程度）がそれに続きます。目標を設定し、学習の仕方を自己調整し、目標の達成を目指して粘り強く頑張れるようになります。さらに、感情的エンゲージメントや社会的エンゲージメント（20～30％）によって、得意な教科ではおもしろく楽しく学べ、クラスメイトとの協力や助け合いによってより深く学べることが予想されます。この時期にこそ、新学習指導要領で強調されている「自己調整」と「粘り強さ」が両方ともうまくできるようになります。

2 「主体的に学習に取り組む態度」の育て方の基本

「主体的に学習に取り組む態度」を育てるための基本方針を示し、４種類の自ら学ぶ意欲を喚起して「主体的に学習に取り組む態度」を育てる授業例を提示します。ここで紹介する例は基本的なものなので、実際には紹介例を参考に膨らませるような形で授業を展開してもらえるとよいと思います。

育て方の基本方針

授業場面を中心にして「主体的に学習に取り組む態度」の育て方の基本について説明します。

「主体的に学習に取り組む態度」を育てる際にもっとも大事なことは、「自ら学ぶ意欲のプロセスモデル」（図1-4参照）に沿って育てるということです。子どもたちの学習は、このプロセスから逸脱することはほぼないと考えます。

授業場面では、①その導入において子どもの自ら学ぶ意欲を喚起する、そして②見通しと学習活動で「主体的に学習に取り組む態度」が発揮されるように指導する、その後③学習活動が成功裏に終わり学習過程を振り返ることによって心理的な欲求を充足させる、というのが基本的な方針となります。

自ら学ぶ意欲が喚起されなければ「主体的に学習に取り組む態度」へ進むことはできませんし、さらに「主体的に学習に取り組む態度」によって学習活動が成功裏に終わらないと心理的欲求が充足されないため、つぎの学習場面において自ら学ぶ意欲がうまく喚起されることも少なくなります。もちろんその結果として、「主体的に学習に取り組む態度」も発揮されにくくなるでしょう。一連のプロセスのなかでこそ、「主体的に学習に取り組む態度」は育てられることを忘れないでください。

このようなプロセスが達成されるには、つぎのような点に留意する必要があります。

(1) 教師と子どもの間に信頼関係があること

第一に、教師が学習指導をする際には、子どもとの信頼関係が形成されている必要があります。自ら学ぶ意欲のプロセスモデルでは、「安心して学べる環境」という要因で配置されていますが、まさにこの環境を成立させるもっとも重要な要素が教師と子どもの信頼関係です。

そのなかでもとくに、子どもが教師に対して信頼感をもつことが大事でしょう。子どもが教師に対して信頼感をもつことができれば、教師の学習指導は有効に働くはずです（村上・坂口・櫻井、二〇一二；村上・鈴木・坂口・櫻井、二〇一三）。もちろん、教師が子どもを信頼できていれば、自信をもってその子を指導することができます。

(2) 自ら学ぶ意欲を喚起し、心理的欲求が充足されるように指導すること

第二に、教師の学習指導によって、子どもに自ら学ぶ意欲を喚起し、そして最終的には心理的欲求が充足されるようにすることです。ポイントは2つあります。

①巧みな導入によって子どもに自ら学ぶ意欲を喚起し、喚起された自ら学ぶ意欲に沿って、子どもが主体的に学習に取り組めるようにする

多くの教師は、授業の導入部分で子どもに自ら学ぶ意欲を喚起しようと努力しますが、子どもの「特性としての学習意欲」（いわゆる自ら学ぶ意欲の喚起されやすさ）には個人差があるため、それぞれの子どものそのときの学習意欲の有り様をしっかり把握し、それに沿って有効な学習活動が展開できるように指導することが大切です。すなわち適宜机間指導等を行い、それぞれの子どもの学習意欲に適した学習支援をすることが必要です。子

どもの立場になって考え、どのような支援が適切かを判断し対応することが求められます。

なお、最近の研究（Durik, Shechter, Noh, Rozek, & Harackiewicz, 2015; Hulleman & Harackiewicz, 2009; 解良・中谷、二〇一四、二〇一九）によると、授業の導入部分での意欲づけのなかで、「課題価値」（学校での学習によって得られる価値）について教えたり考えさせたりすることによって、子どもの自ら学ぶ意欲がうまく喚起されたり、促進されたりすることがわかってきました。課題価値にもいろいろありますが（表3-1参照）、とくに「利用価値」（学校での学習が役に立つという価値）の活用が有効なようです。

小中学校での授業であれば、現在の学習（数学や英語など）が、①実生活に役立つ、②将来の目標（例えば、教師になりたいという目標）

表3-1　価値づけの種類（Eccles, 2005；黒田 ,2012より引用）

達成価値	…課題をうまく解決することが自分にとってどれくらい重要か 例）数学で良い点を取ることや数学が得意であることは自分にとって重要である
内発的価値	…課題をすることがどのくらい楽しいと感じられるか 例）数学の勉強をすることは楽しい
利用価値	…課題をすることが、現在の生活や将来の目標の達成にとってどのくらい役立つか 例）数学の勉強をすることが日常生活に役立つ、将来理系の大学に進むために必要である
コスト	…課題をするためにどのくらのコスト（負担や労力）がかかるか 例）数学は難しく、理解するのに時間がかかる 例）一生懸命頑張れば良い成績がとれるが、一生懸命頑張ることが負担である

の達成に役立つ（自己実現のための学習意欲に対応）、とくに中学生の場合には直近の高校受験に役立つ（スムーズに合格できる）、③自分がしっかり学ぶことによってよく理解できないクラスメイトを助けることに役立つ（向社会的な学習意欲に対応）、というような利用価値が想定されます。こうした利用価値を子どもにうまく獲得させることができれば、それに対応した自ら学ぶ意欲が喚起されたり、促進されたりします。

②少なくとも単元ごとに学習のめあて（目的）を子どもに明示し、単元の終わりにはめあてが達成される（成功裏に終わる）ように指導し、「振り返り」（とくに原因帰属）を通して心理的欲求の充足がもたらされるようにする

大事な点は、子どもが授業や単元ごとの学習のめあてを理解し、具体的な目標が設定できれば、学習活動は主体的に行うことができるということと、目標が達成され成功裏に終われば、心理的欲求は充足されるということ、の2点です。

ただし学習に対する有能感を得るには、成功の原因を能力や努力に原因帰属することが必要です。失敗した場合でも、その原因を努力不足に帰属できれば、自ら学ぶ意欲が低下することはほとんどなく、次回の学習における自ら学ぶ意欲につなげることが容易です。

また、学ぶおもしろさや楽しさは、目標が達成されなかったり学習が成功裏に終わらなかったりしても、学習の途中で学ぶおもしろさや楽しさを感じることができれば、心理的欲求（知的好奇心）を充足させることはできます。

「主体的に学習に取り組む態度」を育てるときの基本的な授業例

ここでは、自ら学ぶ意欲のプロセスモデルにおいて「主体的に学習に取り組む態度」の前に位置する4つの自ら学ぶ意欲に沿って（図1-4参照）、「主体的に学習に取り組む態度」を育てる基本的な授業例（授業の流れ）を紹介します。

(1) 内発的な学習意欲の場合――理科の授業を例として

巧みな導入によって子どもたちの知的好奇心ならびに有能さへの欲求を刺激し、内発的な学習意欲を喚起します。そして、内発的な学習意欲（例えば、テコの原理がほんとうに成り立つかどうかを確かめたい）が、見通し（A子さんと一緒に実験をして確かめること）を経て主体的な学習活動（いくつかの条件で実際に実験をすること）につながるように指導します。見通しと学習活動の部分が「主体的に学習に取り組む態度」（とくに①興味・関心をもって、②楽しく学んでいること）にあたり、目標が達成できる（実験が成功裏に終わる）ように学習活動を支援することが大事だと言えます。

なお、成功裏に終わっても失敗に終わっても、内発的な学習意欲の場合には、学ぶおもしろさや楽しさを（学習の途中で）感じることができますし、成功すれば有能感も感じられます。ただし、成功の場合にはその原因が何に帰属されるかで有能感の程度は異なります。基本的には①努力（したから）、あるいは②努力（したから）と能力（が高いから）の両方、に帰属した場合、比較的高い有能感が感じられます。学習活動そのものがおもしろく、楽しいものであることが実感できるように指導することが重要となります。

(2) 達成への学習意欲の場合——数学の授業を例として

やはり巧みな導入によって子どもたちの有能さへの欲求を刺激し、達成への学習意欲を喚起します。そして、達成への学習意欲（例えば、数学における授業の最後の確認テストで、問題の90％が正解できるように学びたい）が、見通し（〈中学生はメタ認知が発達しているため〉公式が理解できれば90％以上は正解できるだろうと自分で判断すること）を経て、主体的な学習活動（公式を理解し、例題や練習問題（応用を含む）に挑戦し、もしよくわからないところがあれば、教師やクラスメイトに質問して解決すること）につながるように指導します。

以上の見通しと学習活動の部分が「主体的に学習に取り組む態度」（①目的（意図）や目標をもって、②自己調整をしながら、③努力し、うまくいかないときでも④粘り強く（持続性）頑張ること、さらには⑤やればできるという自己効力感によって、努力や粘り強さがより発揮されること）にあたり、目標が達成できる（90％以上の出来栄え）ように学習活動を支援することが大事だと言えます。
目標が達成され、原因が能力や努力に帰属されれば、有能感を感じることになるでしょう。学習活動において、目標の達成をめざして頑張っている態度を認めてあげることが重要になります。

(3) 向社会的な学習意欲の場合——社会（歴史）の授業を例として

巧みな導入によって子どもたちの向社会的な欲求（さらに必要があれば、有能さへの欲求や知的好奇心）を刺激し、向社会的な学習意欲を喚起します。そして、向社会的な学習意欲（例えば、グループごとに、江戸時代の歴史についてテーマを決めて調べたい。よくわからないところは協力して理解を深めたい）が、見通し（グループの人と分担してネットで調べたり、図書館で調べたりしてまとめれば大丈夫だろうと判断すること：小学校高学年以上であれば、メタ認知によって自分でそうした見通しをもつことができる）を経て、主体的な学習活動（グループの人と協力して、テーマを決め、調べ学習をすること）につながるように指導します。

以上の見通しと学習活動の部分が「主体的に学習に取り組む態度」（①協力して調べ学習をし、わからないところは②助け合ってさらに深く理解すること）にあたり、目標が達成できる（テーマ別に江戸時代の歴史の流れがわかる）ように学習活動を支援することが大事だと言えます。目標が達成され自己有用感や有能感、歴史のおもしろさに目覚めれば学ぶおもしろさや楽しさも感じられるでしょう。

学習活動において他者（クラスメイトなど）を助けるという経験によって自己有用感を感じるように指導したり、他者がわからないところは自分が教えたり、自分がわからないところは他者に教えてもらったりして、グループやクラス全体として学習を深められるという経験によって、学ぶおもしろさや楽しさ、さらには有能感を感じられるように指導することが重要です。

(4)自己実現への学習意欲の場合――英語と社会の授業を例として

子どもたちは、将来の目標（例えば、通訳になること）が自律的に設定できると、その達成のために現在の学習（とくに英語の学習）に価値（利用価値：通訳になるために役立つ）を認め、長期にわたってしっかり学ぼうとします。これが長期的な「主体的に学習に取り組む態度」になります。

教師としてはこうした態度を支援すべく、授業時間（この例では英語の授業時間）を使って、その教科がもつ豊かな情報を提供するとともに、可能であればその教科がもつ利用価値（通訳のような仕事をするためにはとても役立つこと）を教えたり、さらには学校を飛び出し直接的な体験をさせたり（オリンピック会場で外国人を案内するボランティアをすること）して、利用価値の有効性を実感させるような指導をすることが大事だと言えます。

　将来の目標がはっきりしている場合、すなわち自己実現の学習意欲がうまく働いている場合には、自分が嫌な教科や苦手な教科（例えば、社会科〈日本史〉であっても、通訳になって自国のことを紹介するときには必要であると考え、自分をうまくコントロールしてしっかり学ぶことが期待できます。

　以上のことから学習活動では、将来の目標との関連で興味深く学べる教科ではより深い理解ができるように指導すること、将来の目標の達成ために長期的な計画を立て自分で調整しながら学び続けられるように指導すること、嫌いな教科でも将来の目標の達成に必要であることを理解させそれを自発的に学べるように指導すること、などが大事になります。そして、将来の目標が日々少しずつ達成されること（将来の目標の達成に必要な、直近の目標が達成されること）で、充実感を覚えられるように支援しましょう。

3 「主体的に学習に取り組む態度」の具体的な育て方

4つのエンゲージメントと自己効力感を具体的に育てる方法について説明します。エンゲージメントにはもとになる心理的欲求と、それに続く自ら学ぶ意欲があるため、心理的欲求を刺激して自ら学ぶ意欲を喚起し、それがエンゲージメントにつながるように指導することが大事です。自己効力感についてはは有能感をしっかり蓄積していくように指導することが重要となります。以下では拙著（二〇一九b）を参考に説明していきます。

感情的エンゲージメント 「興味・関心、楽しさ」を育てる

感情的エンゲージメントの「興味・関心」と「楽しさ」は、知的好奇心と有能さへの欲求を刺激し、内発的な学習意欲を喚起することで育てることができます。ただ、授業で喚

起できる内発的な学習意欲のほとんどは短期的なものであり（拡散的好奇心を刺激しているることが多いため）、その後一定期間安定して働くことは期待できません。そのため授業場面では〝随時〟効果的な導入をすることが必要になります。ただ、子どもがもっている個性としての（安定した）特殊的好奇心をもとに喚起される内発的な学習意欲（強い興味・関心）であれば、それは長く続くことが期待できます。

知的好奇心と有能さへの欲求を刺激して内発的な学習意欲を喚起するには、①子どもが学ぶことに興味・関心がもてるようにすること、②学習の過程で〝おもしろい〟〝楽しい〟と思えるような経験をさせること、そして③自ら探究した場合あるいは試験があった場合などに、その結果がほぼ成功裏（簡単に言えば、何かが見つかったり、疑問が解消されたり、さらにはテストでよい点を取ったりすること）に終わるように指導することが大事です。

以下では、発達段階別に説明していきます。

(1) 小学生のころ

小学校に入ると「授業」がはじまり、保育園や幼稚園とは環境が大きく変化します。小学校では教師やクラスメイトと新たな対人関係を形成し、教室が安心して学べる場所になることがまずは必要です。

そして子どもにとって、①授業が頑張れば〝わかる（理解できる）〟ものとなり、②授業中に〝おもしろい〟〝たのしい〟というポジティブな感情が多く経験され、そして③テストや試験でよい成績が取れる、ように指導することが求められます。

授業ではその内容がわかることが必須の条件です。わからないと授業はおもしろくなく、内発的な学習意欲は減退してしまいます。アクティブ・ラーニング等の技法を取り入れ、積極的にクラスメイトと話し合える場面や知識が日常生活においても活かせる場面などを用意し、クラスメイトとともに理解しおもしろいと思える経験や、知識を活かせて楽しいと思える経験をさせましょう。

わかる授業が続けば、子どもはその授業、ひいてはその教科が好きになり、自然に内発的な学習意欲が喚起されたり持続されたりします。この現象を心理学では「機能的自律」と言いますが、こうした機能的自律がうまく作用すると、多様な教科において感情的エンゲージメントが高くなります。一般的に、小学校低学年では拡散的好奇心が旺盛なので、わかるという経験によって多くの教科が意欲的に学べる可能性が高いと思われます。さらに、授業で取り上げられる学習内容はそれほど高度ではないため、うまく説明できれば、どの子でも比較的容易に理解ができるでしょう。

小学校も高学年になると、授業内容は難しく、抽象的な思考も要求されるようになります。低学年では具体的なもので例示すれば論理的な思考ができましたが、次第に具体的な例示がなくても論理的な思考（いわゆる抽象的な思考）ができるように成長していきます。授業内容も小学校3・4年くらいから抽象度が高くなります。知的好奇心や有能さへの欲求を刺激して内発的な学習意欲を喚起するには、理解しやすいように工夫された授業や「概念的葛藤」という現象を用いた授業が有効でしょう。

概念的葛藤（認知的葛藤ともいいます）とは、子どもがすでにもっている知識とこれから教師が与えようとする新しい知識の間に生じるズレ（葛藤）のことです。この葛藤の大きさが適度な場合に知的好奇心が刺激され、内発的な学習意欲が喚起され、積極的に学ぼうとします。心理学者のバーラインが取り上げて有名になった現象です（波多野・稲垣、一九七一参照）。

波多野・稲垣（一九七三）は、つぎのような実験的な実践例を挙げています。子どもたちを2つの群に分け、ひとつの群（実験群）の子どもたちには、私たちが一般的に抱いているサルのイメージと合致しないサルとして、小鳥のように鳴く「ゴールデンライオンタマリン」やフクロウみたいな顔をした「メガネザル」の話をしました。一方、もうひとつの群（統制群）の子どもたちには、一般的なサルのイメージに合致するが、子どもたちがまだ聞いたことがないサルの話として、「パスタザル」や「クモザル」の話をしました。

2つの群で、その後どのくらい知的好奇心が喚起されたかを調査した結果、学校での自由な時間や帰宅後の自由な時間に、自分から進んでサルのことを調べたり、家族に学校で聞いたサルの話をしたりすることでは、実験群の子どもたちのほうが統制群の子どもたちよりも多かったのです。

なお、概念的葛藤は、個別指導ではうまく使えますが、集団を対象にした指導では、子どもたちがもっている既有の知識レベルを査定し揃えておかないと（すなわち習熟度別のクラスを構成しないと）適度なズレが生じにくくうまく使えないと言われ、その点が課題となっています。

(2) 中学生のころ

中学校に進学すると、授業がさらに専門化し高度になり、教科担任制が本格的にスタートします。専門の知識をもった教師が、専門の知識やスキルを駆使して、子どもの知的好奇心をくすぐるような授業をすることが大事になります。

また、子どもごとに興味・関心のある教科が限定されてくるため、興味・関心が低い教科の授業では、自分の興味・関心と関連づけて学ぶように指導することも有効でしょう。ただ、中学生くらいになると、興味・関心だけではなく、自分の将来のことを考えて、学校の授業には学ぶ価値（利用価値）があると思えるようになります。すなわち、将来の目標をある程度設定でき、その達成を目指して現在の学習を価値づけられれば、自己実現への学習意欲が喚起され、長期間比較的楽しく学ぶことができます。

認知的エンゲージメント「目的（意図）・目標、自己調整」を育てる

認知的エンゲージメントの「目的（意図）・目標、自己調整」は、まずは有能さへの欲求を刺激し、達成への学習意欲を喚起することで育てることができます。達成への学習意欲を喚起するには、授業の導入において、その課題に挑戦してみたい、その原理を確認してみたい、公式をしっかり習得したい、というような気持ちがもてるようにすることが重要です。

さらに、その授業の結果として〝よくわかった〟、その単元におけるテストの結果として〝よい点が取れた〟というような成功体験をさせることによって、多くの場合は有能感を感じ、つぎの達成への学習意欲へとつなげることができるでしょう（櫻井、二〇一九b参照）。もちろん、すでに説明した通り、原因帰属の仕方も有能感の形成に影響します。

認知的エンゲージメントの「自己調整」は、メタ認知の発達によって小学校高学年のころからできるようになります。

以下では発達段階別に認知的エンゲージメントの育て方について説明します。

(1)小学生のころ

達成への学習意欲が学習活動においてうまく働くためには、子ども一人一人が学習のめあてを理解し、それに基づいて学習の目標をもち、そして目標を達成するために頑張ることが必要です。それゆえ、教師は少なくても単元ごとに学習のめあてや目的を明示し、子どもが各自の目標をしっかりもてるように指導することが重要となります。こうしたことは小学校に入学してしばらくすれば、教師の指導のもとで可能です。この時期は個人差も大きいので、指導は手厚くしなければなりません。

さらに達成への学習意欲がうまく働くためには、学習過程において、自分の学習の仕方を調整したり、行き詰まった場合には気晴らしをして再挑戦したり、どうしてもうまくできない場合には当初の目標を修正したりすることも必要になるでしょう。こうした学習過程を自分で調整できるようになるのは、メタ認知が発達する小学校高学年くらいからです。

それゆえ、小学校3・4年のころはその前段階（準備段階）として、自己調整学習方略（表1-2参照）について、例えば表3-2にあるような具体的なレベルで教え、実際に利用させることで、自己調整段階の準備をすることも有益でしょう。子どもはそうこうしているうちに、自分にとって最適な自己調整学習方略を見い出します。

小学校高学年くらいになると、自分の学習状況を自分でモニターし、自分に適した自己調整学習方略を使って効果的な学習が展開できるようになります。〝自学者〟の誕生です。ただし、まだ初期的な段階のため、適宜教師の指導は必要です。

(2) 中学生のころ

小学校高学年のころから自己実現の欲求を刺激すれば、自己実現への学習意欲を喚起することができます。ただし、この流れが本格化するのは中学校に入ってからになるでしょう。自己実現の欲求を刺激して自己実現の学習意欲を喚起するには、利用価値を活用して、授業の導入等で、将来の目標の達成に役立つ授業であることを教えたり、考えさせたりすることが有効でしょう。

表3-2　学習方略の例（黒田,2012）

計画的に学習を進める
- 短期・長期の学習計画を立てる
- 予習、復習をする

作業の仕方を工夫する
- 教科書や参考書の大事なところにアンダーラインを引く
- ノートの取り方や整理の仕方を工夫する

覚え方を工夫する
- 声に出したり何度も書いたりして暗記する
- 語呂合わせなど、覚えるべき内容に意味を与える
- 学習内容を図表を使って整理して理解する
- 学習内容をお互いに関連づけながら理解する

考え方を工夫する（メタ認知を使う）
- 「どのように計画を立てる必要があるか、どのような作業や覚え方をすればよいか」を考える
- 「大事なところはどこか」を把握する
- 作業中「間違っていないか」を確認する
- 自分の間違いやすいパターンを把握する

先に紹介した通訳の例のように、通訳になるために英語や社会といった教科は（もちろ

ん学ぶことが楽しいこともありますが）学ぶことが必要な教科と認識されれば、自分をコントロールして学ぶようになります。

自己実現への学習意欲がうまく働くためには、何よりも将来の目標を子どもたちが自ら設定することが大事です。その目標は修正されることも多いのですが、その時々において、自分の興味や関心・長所・短所・適性を理解し、このような仕事に就きたい、このような生き方をしたいという目標（将来目標）がもてればよいでしょう。そして目標の達成にむけて現在の学習を価値があるものと認識（利用価値を認知）できれば、たとえ苦手な教科でも将来の目標の達成のために必要であると判断し、意識的に自分をコントロールして学ぶことができるようになるはずです。もちろん、得意な教科では興味・関心がありますので、一層努力をします。教師は、将来の目標がもてるように子どもを支援すること、とくに自分の興味や関心・長所・短所・適性などを分析させたり、職業体験等によって現実の仕事についての理解を深めさせたりすることが大事です。

(3) 達成への学習意欲をうまく働かせるために

なお、達成への学習意欲は、おおむね自ら学ぶ意欲の範疇にはいりますが、ときには他律的な学習意欲の範疇にはいることもあります。他者（親や教師、さらにはクラスメイトなど）にすごく認められたくて、あるいは魅力的な報酬をどうしても手に入れたくて高い目標を設定して頑張るということも生じます。私はそうしたときがあってもよいと思っていますが、だからといっていつもそうでは困ります。なぜならば、いつも他者や報酬に操られていては、主体性が失われてしまうからです。それゆえ、できるだけ自分の成長を意識させ、達成への学習意欲が自発的に働くよう指導することが重要です。

また、手前味噌になりますが、高い達成を目指すという意味では、達成への学習意欲が高じることで、完璧主義が強まることも予想されます。完璧主義は不適応をもたらす悪者として認知されやすいのですが、すべてがそうではありません。拙著（二〇一九c）で詳しく論じていますが、〝不適応的な完璧主義〟から〝適応的な完璧主義（すなわち完璧志向）〟に転換することができれば、健康にして大きな成果を生み出すことができます。彫刻家のミケランジェロしかり、陶芸家の板谷波山しかりです。もし、完璧主義的な子どもたちに出会いましたら、拙著を参考に指導をしてください。

行動的エンゲージメント
「努力、粘り強さ（持続性）」を育てる

行動的エンゲージメントの「努力、粘り強さ（持続性）」は、おもに達成への学習意欲によって育ちます。すなわち、有能さへの欲求を刺激し、達成への学習意欲を喚起することが基本となります。

(1) 達成への学習意欲を喚起して育てる

小学生でも、自らの目標の達成に向けて努力すること、ならびにそうした努力を持続すること（粘り強さ）は、達成への学習意欲が喚起されればできるようになります。ただし既述の通り、小学校低学年ではまだ自らの目標をうまく設定できないこともあり、教師による指導が必要です。もちろん、中学生では達成への学習意欲が喚起されれば、前述のとおり、学習のめあて（目的）を理解し、自らの目標が設定できますので、達成を目指して努力したり、努力を持続したりすることもほぼ自然にできます。

ただし、この後で説明しますが、やればできるという気持ちである「自己効力感」が低いと、努力は持続されないこともあります。自己効力感はおもに達成への学習意欲（もっと言えば有能さへの欲求）が充足されて生じる〝有能感〟（図1-4参照）の積み重ねによって形成されるものであり、これが低い場合には、目標達成への努力の最中で挫折してしまうことも起こります。したがって、そうなりそうなときには、教師やクラスメイトによる〝ガンバレ〟という支援が必要となります。それで成功できれば、有能感を得て自己効力感が高まり、次回の学習場面では努力を持続することができるようになるでしょう。

なお、粘り強く学習に取り組む態度には内発的な学習意欲も関係します。もし学習課題に対して興味・関心が高い場合には、それだけで粘り強く探索し、そして粘り強く解決しようとするでしょう。このような場合には、教師は子どもの近くでその姿をそっと見守ってあげれば大丈夫です。

(2) マインドセットの考え方を利用して育てる

努力ができる、持続できるという点では、『マインドセット』の著者であるドゥエック(Dweck, 2006：今西訳、二〇一六)のアイディアが利用できます。

達成への学習意欲が低い子どものなかには、自分は能力(この場合は、〝固定的で変化しない能力〟ととらえる)がないのだから、努力しても無駄である(成功はできない)という考え(信念)をもち、はじめから努力しない子どもがいます。多くは学習場面で失敗が続き学習に対して無気力になっている子どもたちですが、このような子どもたちの場合には、彼女のマインドセットという考え方がとくに有効です。その基本は、「能力(この場合は、〝可変的で伸びる能力〟ととらえる)は努力をすれば伸びる」という信念を実際の学習を通して獲得させる、ことです。図3-3をご覧ください。この図で説明しましょう。

第一ステップは、「努力すれば能力は伸びる」という信念をもたせることです。もっとも大事なステップと言えます。私たちは成長すると能力は固定的で変化しないものととらえがちですが、本来努力して成功した場合には、能力が伸びたと理解してもまったく問題はありません。「能力は努力すれば伸びる」「努力すれば能力は伸びる」という信念がもてれば、（固定的な）能力がないから成功はあきらめる、ということにはならず、努力の繰り返しによって、失敗から脱却し成功できるようになります。

第二ステップは、自分の能力を伸ばすために（自分ができるようになるために）努力することです。

第三ステップでは、失敗しても能力がないのではなく、努力が足りないととらえ、再び努力することです。もちろん、即成功という場合もあります。その場合は、努力すればできる、能力が伸びるとの信念を確認することになります。あるいは失敗が続くこともあるでしょう。しかし、教師による適切な指導があれば、早い段階で必ず成功に至るはずですし、またそうでないと指導とはいえません。

第四ステップでは、努力が実って成功し、結果として「努力すればできる」「能力は伸びる」と思

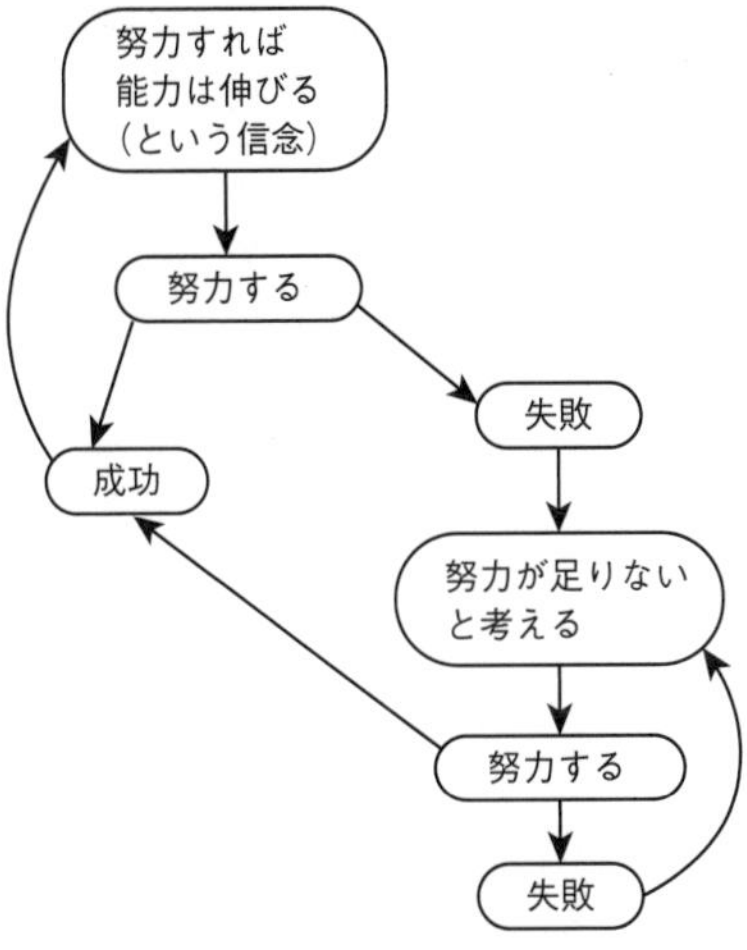

図3-3　努力して能力が伸びる学習者
（櫻井, 2019a）

えるようになり、「努力すれば能力は伸びる」という信念が強化されます。能力を悪者にせず、自分の味方にするには、能力が努力によって伸びるものであるととらえることが大事なのです。

なお、失敗が続くようなときには、子どもができるだけ早く成功するように、教師は子どもが理解できないところからしっかり教え直す必要があります。子どもが学習内容を理解してよい点を取り成功する、という流れを早く作ってあげることがとても重要です。ただし、そうした指導を受け入れるかどうかは、教師と子どもの信頼関係、とくに子どもが教師に対して「先生は自分のことをよく理解してくれている」という思いによります（桜井、一九九七）。

「自己効力感（やればできるという気持ち）」を育てる

自己効力感を育むには、成功経験を積んで、有能感を強化することが重要です。もちろん学習に関する有能感ですが、これが蓄積されれば、ある程度の範囲で自己効力感が発揮されるようになるでしょう。ある程度の範囲というのは、数学であったり、数学の一部であったりします。多分野で有能感が得られれば、どんな学習にも自己効力感が働くようになるでしょう。

子どもの場合、授業の内容がわかり、テストでよい成績を取る、すなわち授業での「わかる・できる」という体験を通して成功することが必要です。自己効力感の研究で有名なアメリカの心理学者バンデューラ（Bandura, 1997）によれば、自己効力感を高めるには直接的な成功経験がもっとも強力ではあるものの、そのほかにも代理的な成功経験（例えば、友達が成功するのを見て自分もできそうだと思う）、言葉による説得（例えば、信頼している教師に「君ならできる」と説得され自分もできると思う）、情緒的な覚醒（例えば、朝からよいことが続き気持ちが高揚していて、これもやればできると思う）も、自己効力感に影響を与えるとしています。これらも利用する価値はありそうです。

社会的エンゲージメント「協力、助け合い」を育てる

向社会的欲求を刺激して向社会的な学習意欲を喚起することで、社会的エンゲージメントの「協力、助け合い」を育てることができます。

授業で向社会的欲求を刺激して向社会的な学習意欲を喚起するには、その導入において、学習したことが他者を助けることに繋がり嬉しかった、というような体験例を引用して子どもに利用価値（学習結果が役に立つという価値）を獲得させることがひとつの方法でしょう。

さらに、授業でクラスメイトを助けたり、総合的な学習の時間に地域社会における弱者（幼い子どもや高齢者、障害者など）を助けたりする経験などを通して自己有用感を得ることができれば、クラスメイトを助けたい、地域の人の役に立ちたいとの向社会的欲求が高まり、向社会的な学習意欲につながることが期待できます。

最近は子どもが考える自己実現の目標のなかには、他者への思いやりを含んだもの（例えば、難民キャンプで困っている人たちを助けられるようなスタッフになりたい、国連の職員になって国際援助の仕事をしたい）も多くなり、自己実現の目標（将来の目標）が授業における向社会的な学習意欲と連動して学習活動にも協力や助け合いが表れてきているように思われます。

なお、表2-2にあるように、「協力、助け合い」といった態度には内発的な学習意欲や達成への学習意欲も影響するため、これらの意欲もうまく利用しましょう。

以下では、発達段階別に説明します。

(1) 小学生のころ

小学校に入学するころには、他者の立場に立って考えること（「視点取得」と言います）はそれなりにできるようになっているため、成績が芳しくないクラスメイトの気持ちを察して、その教科が自分の得意な教科である場合には、わからないところを教えてあげるといった思いやりのある対応ができるようになります。反対にその子の苦手な教科は別のクラスメイトが教えて補うという形で、互恵的な援助もできるようになります。教師としてはそのような対応を支援していくことが重要です。また授業でも、グループ学習などの対話的な方法を用いることによって、グループの成員が自分の強みを生かしてグループに貢献し、よりよい成果を上げ、グループの成員すべてが成員として自己有用感を感じることができれば素晴らしいです。

なお、こんな研究もあります。大谷・岡田・中谷・伊藤（二〇一六）は、クラスの目標が、小学校5・6年の内発的な学習意欲や学業に関する自己効力感（勉強はやればできる、という信念）にどのような影響をもたらすかを検討しました。クラスの目標は、向社会的な目標（例えば、このクラスでは相手の気持ちを考えることが大事にされています、というような項目で測定します）でした。分析の結果、こうした目標を肯定的に受け止めている子どもは、相互学習（例えば、お互いの得意な勉強内容を教え合う、興味のある勉強内容について話し合う、わからない問題を一緒に考えたり調べたりする）が多くなり、すなわち協力や助け合いが生じ、その結果として内発的な学習意欲や学業に関する自己効力感も促進されることがわかりました。教師はこのような向社会的な学級目標をうまく設定できれば、子どもの社会的なエンゲージメントを育てることができると言えます。

(2) 中学生のころ

向社会的欲求は身近なクラスメイトから、学校での友達や近隣の人たち、さらには会ったことがない第三者にも広がり普遍的なものへと発達していきます。学校の授業での助け合いに留まらず、遠隔地でのボランティア活動に参加したり、さらにより専門的なボランティアに参加するために特別な知識や技術を身につけたりできるようになります。授業に限定せず、そうした向社会的な活動にも参加できるように支援することが重要になるでしょう。

さらに、将来の仕事についても、自分の適性を生かして高度な援助能力が必要な仕事（例えば、医師やエンジニア）を目指して頑張るような子どももでてきます。中学校時代は、職業体験等を通して、自分はどんな仕事に興味があるのか、自分はどんな仕事に適しているのかを意識しつつ、仕事との相性を確かめ将来を展望する時期となります。

長期的な「主体的に学習に取り組む態度」を育てる

自己実現の欲求を刺激し、自己実現への学習意欲を喚起することによって、長期的な「主体的に学習に取り組む態度」（表2-1と表2-2参照）を育てることができます。自己実現への学習意欲とは、自己理解（自分の興味や関心・適性・長所・短所などの理解）に基づき、自分らしく生きるために、主体的に将来の目標（仕事や生き方などの目標）を設定し、その実現に向けて頑張ろうとする学習意欲です。

自己実現の欲求を刺激し、自己実現のための学習意欲を喚起するには、自己理解を促し、将来の目標が主体的にもてるように指導することがもっとも大事です。中学校段階（早ければ小学校高学年のころから）になれば学校での勉強が将来の目標の達成につながるとの考えのもと（利用価値の認識を通して）、学校での勉強における達成目標を設定し、それを順次クリアすることによって、将来の目標の達成に近づきつつあることから充実感がもて、自己実現の欲求が充足されることになります。以下、発達段階別に説明します。

⑴小学校低学年のころまで（8歳くらいまで）

このころは、認知能力が十分に発達していないため、自己理解も不確かな状態にあります。したがって、自己理解に基づいて将来の目標をもつことはほぼ不可能と思われます。ただし、想像力は豊かなので、美味しいもの（パンやアイスクリームなど）を食べたり、きれいなもの（花や車など）を見たりしているうちに、そうしたものを作れる人になりたいという夢をもつことはよくあります。たとえ漠然とした夢であっても、夢をもてることは素晴らしいと思います。「その夢、叶えられるといいね」というような言葉がけをして、夢をもつことの素晴らしさを実感させ、将来の本格的な夢（現実的な将来目標）につなげられるとよいでしょう。また、親や教師のような人になりたい、という夢をもちやすいので、親や教師はよい手本（モデル）になれるように努力してください。いきいきと生活したり仕事をしたりする姿を見せるとよいでしょう。

(2) 小学校高学年のころ

二次性徴の発現によって自分を意識するようになると、やがて高度に発達した認知能力で自分を精緻に分析します。もちろん、他者（親や教師や友達）の意見も参考にしながら、徐々にしっかりとした自己理解を形成していきます。そしてそうした自己理解に基づき、自分は何をすればよいのか、何をしたいのか、すなわち就きたい仕事や理想としての生き方について考える段階に達します。

この段階では、教師は子どもの自己理解を促すことが第一です。それまで見てきた子どもの様子から、ポジティブな情報もネガティブな情報も、子どもとの信頼関係に基づいて提供することが重要です。そして、子どもは一定の自己理解ができると、自分はこうではないか、と教師や友達にその理解の正否の確認を求めますから、その際には教師として自身の意見をしっかり伝えることが肝要です。そして、子どもがより客観的になった自己理解に基づき、このような仕事に就きたい、このような生き方がしたいと具体的な考えを示してきたら、それに対しては率直な意見を返してあげましょう。中学生くらいになるところしたやり取りの結果として、将来の仕事や生き方が少しずつはっきりしてきます。また小学校段階ではこうしたやり取りは子どもとの意見交換くらいに位置づけておけばよいと思われます。

(3) 中学生のころ

多くの公立学校では、中学校に入るとその3年後には高校受験が待っています。中学生になったら、将来の目標（おもになりたい職業）をほぼ決め、その実現のために中学校での勉強と高校受験を価値づけ（学校での勉強が受験に役立ち、そして将来的にはやりたい仕事にもつながるとの利用価値を認識して）、いまの中学校での勉強を頑張るという意欲がもてるようになることが理想です。職業適性を検討するために職業適性検査を受けてみたり、自分の適性に関する他者（親・教師・友達）の意見を聞いてみたりして、自己理解を深めるとともに、おおまかに将来就きたい仕事を決めることによって、その実現のために頑張ろうというやる気（自己実現のための学習意欲）がもてるようになるでしょう。それを支援するのが教師の役割です。

よく考えるとどんな仕事でも社会に役立つわけですが、〝自分も〟仕事を通して社会のために役立つことができるという意識もこのころから生まれます。授業で理解の遅いクラスメイトを援助するために、自分は授業をしっかり聞き、その子にはわからない部分をあとで教えてあげる、というような向社会的な欲求に基づく援助行動も素晴らしいですが、こうした欲求を将来の仕事や生き方に向けて、より大きな意味での向社会的な欲求の実現につなげることもとても大事です。

ここで筆者らの研究（倉住・櫻井、二〇一五）を紹介します。中学生を対象に、①親・教師・友達（身近な他者）との「親密さ」、②そうした他者がもっていると子どもが思っている「学業への価値観」、具体的には勉強は大切である、勉強は将来役に立つ、といった（利用）価値観（自己実現への学習意欲にとって重要な学業価値観と言える）、③自己実現への学習意欲などが質問紙によって測定されました。

分析の結果、親との親密さが高いほど、また親が学業への（利用）価値観を高くもっていると子どもが思うほど、子どもの自己実現への学習意欲は高くなりました。さらに興味深いことは、親が学業への（利用）価値観をより高くもっていると子どもが思うほど、子どもの自己実現への学習意欲は高くなりますが、その程度が親との親密さが高いほど高くなる、という結果でした。

こうした結果から、親が、子どもは自己実現のために学習することが大事であると思い、さらに子どもとの関係が良好に保てれば、子どもの自己実現への学習意欲はしっかり形成されると推測できます。なお、身近な他者が教師や友達の場合には、このような結果は一部にしかみられず、中学生にとって、自己実現への学習意欲の形成に及ぼす親の影響力は大きいと言えるでしょう。繰り返しになるかもしれませんが、親が子どもと温かい関係をつくり、子どもの将来に期待し将来のために現在の学習が大事だと考えられれば（おそらくそれを率直に子どもに伝えられれば）、子どもの自己実現のへの学習意欲は強く喚起されるのです。ただ、これは比較的小さなデータによる分析結果ですので、もっと大きなデータや縦断的なデータに基づけば、教師についても親と同じような結果が得られるかもしれません。それゆえ、教師も親と同じような学業への（利用）価値観をもってもらい、それをできるだけ伝えることが筆者は望ましいと考えています。

さらに教師の場合には、職業体験などのキャリア教育を通して、自己実現への学習意欲を促すことも重要です。

なお、筆者が大学院で指導した高地（二〇一七）の研究によると、高校受験観が中学生の学習意欲に影響することがわかりました。研究では、中学生を対象に高校受験観を測定する質問紙を開発しました。質問紙は、①自己の成長（例：高校受験は自己の成長や将来につながる）、②勉強への誘導（例：高校受験がないと知識が身につかない）、③将来への懸念（例：高校受験で合格しないと将来の就職先が限定される）、④受験の苦労（例：つらいものである）という4つの下位尺度から構成されました。

高校受験観と自ら学ぶ意欲（内発的な学習意欲と自己実現への学習意欲）、学校や家庭での適応との関連を検討したところ、高校受験に対してポジティブな受験観である「自己の成長」は、内発的な学習意欲や自己実現への学習意欲を経て適応に影響する一方、高校受験に対してネガティブな受験観である「勉強への誘導」「将来への懸念」「受験の苦労」は、他律的な学習意欲を経て、不適応に影響することが示されました。

　高校受験を「自己の成長」としてポジティ

表3-3　子どもの人生・将来目標を測定する項目の例（櫻井, 2017）

●自律的な人生・将来目標

⑴自己成長
- 自分について多くのことを知り、成長すること
- 生き方や人生を自分なりに選ぶこと

⑵親密性の獲得
- 自分のことを気にかけて、支えてくれる人がいること
- 頼りになる友だちをもつこと

⑶社会貢献
- 困っている人を助けること
- 人の役に立ち、世の中をよくすること

⑷身体的健康
- 元気でくらせること
- 健康であること

●他律的な人生・将来目標

⑴金銭的成功
- ぜいたくなものをたくさん買うこと
- お金がたくさんもらえる仕事につくこと

⑵外見的魅力
- 見た目がすてきだと言われること
- かっこよく（または、かわいく）なること

⑶社会的名声
- 有名になること
- えらくなり、人から認められること

注）「あなたはどんな人生や生き方を望んでいますか」と問い、各項目に対して重要度を評定してもらうとよい。

ブにとらえることができれば、さらに言えば高校受験を将来目標を達成する過程における〝よき挑戦の機会〟と位置づけることができれば、他律的な学習意欲ではなく自ら学ぶ意欲（とくに自己実現への学習意欲）が促され、その結果として生き生きとした中学校生活が送れるのではないかと予想されます。そして、将来の目標としては、それが〝自律的〟な将来目標（「人生の目標」ということもあります：表3-3参照）に分類されることが重要です（Part1参照）。

自ら学ぶ意欲と「主体的に学習に取り組む態度」の間にズレがあるときの指導

これまでにも何回か触れてきましたが、子どもに自ら学ぶ意欲が喚起されても、それが「自ら学ぶ意欲のプロセスモデル」における「見通し」や「学習活動」に対応した「主体的に学習に取り組む態度」にうまく反映されない場合もあります。

巧みな授業によって、子どもたちに内発的な学習意欲が喚起されたとしても、教師が多くの子どもたちには向社会的な学習意欲が喚起されたと思い込んでいるような場合には、社会的エンゲージメントの「協力、助け合い」が強調される指導になることが予想されます。そうした指導でも子どもたちがうまく学べれば問題はありませんが、うまく学べない場合には、子どもたちにどのような自ら学ぶ意欲が喚起されているのかを適宜チェックしながら授業を進めることが重要でしょう。ただ、多くの場合には授業を続けていく中で、子どもたちの意欲のあり方を子どもたちへの観察を通して察知できると思いますので、その時々で軌道修正をしても大丈夫であると考えます。

また、例えば、理科に特別な興味・関心（安定した内発的な学習意欲）をもっている子どもの場合には、同じ理科の授業を受けてもその子だけが他の子とは異なる意欲（ほかの子には向社会的な学習意欲が、そしてその子には内発的な学習意欲）が喚起されることも起こります。じつは安定した意欲の影響はとても強いと予想されています。こうしたケースでは、前もってそうした状況を想定し、可能な限り、その子への対応も考えておくとよいでしょう。

何をしても無気力という子どもについては、続いてその対応の仕方を説明します。

無気力な子どもの指導

これまでは教師の学習指導や生活指導によって、子どもに自ら学ぶ意欲が喚起できることを前提に説明をしてきました。ただ、現実の子どもたちのなかには、学習に対して無気力である子どもも多いように見受けられます。Ｐａｒｔ２ではこうした無気力な子どもたちを見出すための測定・評価の方法を提案しましたが、こうした方法などを用いてチェックし、無気力傾向が強いと思われる子どもには以下のような対応をすればよいと考えます。なお、学習に対する無気力がかなり強かったり、学習だけではなく生活全般に対して無気力であったりする場合は、学校カウンセラーや専門医に相談しましょう。

学習に対して無気力な場合には、自ら学ぶ意欲のプロセスモデルにある「安心して学べる環境」をまず整え、そのうえで、どの部分から学習が遅滞しているのかを診断する必要があります。そして、遅滞している部分から学習をはじめ、学習に臨めただけでまず褒めたり、報酬を与えたりして、学習に臨む姿勢ができるように指導します。もちろん、学習課題はやさしいものからはじめて徐々に難しいものに移行していきます。学習がうまくできるように（成功するように）アレンジして、うまくできたら褒めたり、報酬を与えたりします。褒めることは必ず行うようにしましょう。そうして、親や教師からすすめられ仕方なくでも（他律的であっても）学習に臨むことができるようになれば大きな進歩です。

つぎは、学習がうまくできたときに、褒めたり、報酬を与えたりします。徐々に学習内容が理解でき、確認のテストなどでよい点が取れるようになると、学ぶおもしろさや楽しさ、自分でもできるという有能感が高まり、やがては自発的に学習に取り組めるようになるでしょう。すでに説明しましたが、うまくできた（成功した）ときには、その成功の原因をおもに努力に帰属させ、成功したことによって能力も伸びていることを積極的に伝えるとより効果的であると思います。

あとは、基本的に子ども自身が学習に自ら参加して頑張っていくでしょうから、あたたかく見守ってあげれば大丈夫です。ただし、たまにはほめてあげましょう。

「そんなに簡単？」と思われる方もいるでしょうが、基本はこうです。もちろん、実践は簡単ではありませんので、承知していてください。山あり谷ありの過程はつきものなので、辛抱強く指導することが大事です。

図3-4には「無気力→他律的な学習意欲→自ら学ぶ意欲」へとステップアップしていく際に用いられる適切な報酬についてまとめましたので、ご確認ください。

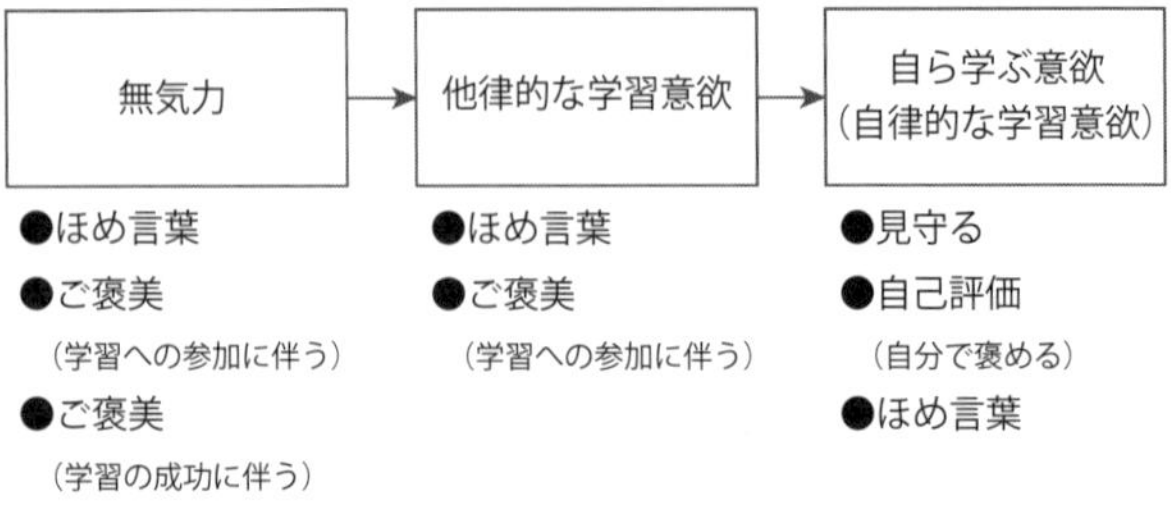

図3-4　それぞれの学習意欲に適した報酬（櫻井, 2009）

■引用・参考文献

Bandura, A. (1997) *Self-efficacy: The exercise of control.* New York, NY: Freeman.

Christenson, S.L., Reschly, A.L., & Wylie, C. (2012) *Handbook of research on student engagement.* New York, NY: Springer.

Durik, A.M., Shechter, O.G., Noh, M., Rozek, C.S., & Harackiewicz, J.H. (2015). What if I can't? Success expectancies moderate the effects of utility value information on situational interest and performance. *Motivation and Emotion*, 39, 104-118.

Dweck, C. S. (2006) *Mindset: The New Psychology of Success.*New York, NY:Random House. 今西康子訳（２０１６）『マインドセット』 草思社

Eccles, J.S. (2005) Subject task value and the Eccles et al. model of achievement-related choices. A.J. Elliot, & C.S. Dweck (Eds.), *Handbook of competence and motivation*, pp. 579-597, New York, NY: Guilford Press.

波多野誼余夫・稲垣佳世子（１９７１）『発達と教育における内発的動機づけ』 明治図書

波多野誼余夫・稲垣佳世子（１９７３）『知的好奇心』 中公新書

Hattie, J. A. C. (2009) *Visible Learning.* London: Routledge. 山森光陽監訳（２０１８）『教育の効果』 図書文化社

樋口一辰・鎌原雅彦・大塚雄作（１９８３）「児童の学業達成に関する原因帰属モデルの検討」『教育心理学研究』 31、一八～二七頁

Hulleman, C.S., & Harackiewicz, J.M. (2009) Promoting interest and performance in high school science classes. *Science*, 326, 1410-1412.

伊藤崇達「自己調整学習方略とメタ認知」自己調整学習研究会編（２０１８）『自己調整学習』 北大路書房、三一～五三頁

鹿毛雅治（２０１３）『学習意欲の理論』金子書房
鹿毛雅治編（２０１７）『パフォーマンスがわかる12の理論』金剛出版
Kahn, W.K. (1990) Psychological conditions of personal engagement and disengagement at work. *Academy of Management Journal*, 33, 692-724.
解良優基・中谷素之（２０１４）「認知された課題価値の教授と生徒の課題価値評定、および学習行動との関連」『日本教育工学会論文誌』38(1)、六一～七一頁
北尾倫彦ほか（２０２０）教研式標準学力検査ＣＲＴ図書文化社
解良優基・中谷素之（２０１９）「課題価値のもつ概念的特徴の分析と近年の研究動向の概観」『アカデミア』（南山大学紀要　人文・自然科学編）、九五～一一六頁
国立教育政策研究所教育課程研究センター（２０１９）『学習評価の在り方ハンドブック　小・中学校編』
倉住友恵・櫻井茂男（２０１５）「中学生における「他者との親密さ」ならびに「他者が有する学業への価値観の認知」が学習動機づけに及ぼす影響―親・教師・友人に注目して―」『筑波大学心理学研究』50、四七～五八頁
黒田祐二（２０１２）「動機づけ―意欲を高めるためにどうすればよい？」櫻井茂男監修・黒田祐二編著『実践につながる教育心理学』北樹出版、七二～八八頁
Maslow, A. H. (1954) *Motivation and personality*. New York, NY: Harper & Brothers. 小口忠彦監訳（１９７１）『人間性の心理学』産業能率短期大学出版部
村上達也・坂口奈央・櫻井茂男（２０１２）「小学生の「担任教師に対する信頼感」尺度の作成」『筑波大学心理学研究』43、六三～六九頁
村上達也・鈴木高志・坂口奈央・櫻井茂男（２０１３）「小学生における担任教師に対する信頼感と担任教師の行動・態度についての評価の関連」『筑波大学心理学研究』45、九一～一〇〇頁
Murray, H.A. (1938) *Explorations in personality*. New York, NY : Oxford University Press.

無藤隆ほか編著（２０２０）『新指導要録の記入例と用語例　小学校』図書文化社

及川千都子・西村多久磨・大内晶子・櫻井茂男（２００９）「自ら学ぶ意欲と創造性の関係」『筑波大学心理学研究』38、七三～七八頁

大谷和大・岡田涼・中谷素之・伊藤崇達（２０１６）「学級における社会的目標構造と学習動機づけの関連―友人との相互学習を媒介したモデルの検討―」『教育心理学研究』64(4)、四七七～四九一頁

Pintrich, P.R., Smith, D., Garcia, T., & McKeachie, W.J. (1993) Reliability and predictive validity of the motivated strategies for learning questionnaire(MSLQ). *Educational and Psychological Measurement*, 53, 801-813.

Reeve, J. (2002) Self-determination theory applied to educational settings. In E.L. Deci & R.M. Ryan (Eds.), *Handbook of self-determination research*. pp. 183-203, Rochester, NY: Rochester University Press.

Reeve, J. (2009). *Understanding motivation and emotion* (5th Ed.). Hoboken, NJ: John Wiley & Sons.

Reeve, J., & Tseng, C-M. (2011). Agency as a fourth aspect of students' engagement during learning activities. *Contemporary Educational Psychology*, 36, 257-267.

Reyes, M. R., Brackett, M.A., Rivers, S.E., White, M., & Salovey, P. (2012) Classroom emotional climate, student engagement, and academic achievement. *Journal of Educational Psychology*, 104, 700-712.

桜井茂男（１９８３）「認知されたコンピテンス測定尺度（日本語版）の作成」『教育心理学研究』31(3)、二四五～二四九頁

桜井茂男（１９８７）「自己効力感が学業成績に及ぼす影響」『教育心理』35、一四〇～一四五頁

桜井茂男（１９９７）『学習意欲の心理学』誠信書房

櫻井茂男（２００９）『自ら学ぶ意欲の心理学』有斐閣

櫻井茂男（２０１４）「第７章 なんで「やる気」が出ないの（動機づけ）」櫻井茂男・濱口佳和・向井隆代『子どものこころ：児童心理学入門（新版）』有斐閣、一二一～一四一頁

櫻井茂男（２０１７）『自律的な学習意欲の心理学』誠信書房

櫻井茂男（２０１８ａ）「エンゲージメントを大切にする」『児童心理』72(8)、二四～二九頁

櫻井茂男（２０１８ｂ）「学習における「エンゲージメント」とは何か」『日本教材文化研究財団研究紀要』48、五〇～五五頁

櫻井茂男（２０１９ａ）「学習における「エンゲージメント」とは」『指導と評価』65、四五頁

櫻井茂男（２０１９ｂ）『自ら学ぶ子ども』図書文化社

櫻井茂男（２０１９ｃ）『完璧を求める心理』金子書房

Schaufeli, W.B., & Bakker, A.B. (2010). The conceptualization and measurement of workengagement. In A.B. Bakker & M.P. Leiter (Eds.), *Work engagement: A handbook of essential theory and research* , pp. 10-24. New York, NY : Psychology Press.

Skinner, E.A., Kindermann, T.A., Connell, J.P., & Wellborn, J.G. (2009). Engagement and disaffection as organizational constructs in the dynamics of motivational development. In K.R. Wentzel & A. Wigfield (Eds.), *Handbook of motivation at school*, pp. 223-245, New York, NY: Routledge.

Skinner, E.A., Kindermann, T.A., & Furrer, C.J. (2009). A motivational perspective on engagement and disaffection: Conceptualization and assessment of children's behavioral and emotional participation in academic activities in the classroom. *Educational and Psychological Measurement*, 89, 493-525.

高地雅就（２０１７）「中学生の高校受験観と学習動機ならびに適応との関連」平成28年度筑波大学大学院教育研究科（スクールリーダーシップ開発専攻）修士論文

外山美樹（２０１８）「課題遂行におけるエンゲージメントがパフォーマンスに及ぼす影響―エンゲージメント尺度を作成して―」『筑波大学心理学研究』56、一三～二〇頁

梅本貴豊・伊藤崇達・田中健史朗（２０１６）「調整方略、感情的および行動的エンゲージメントと学業成果の関連」『心理学研究』87(4)、三三四～三四二頁

梅本貴豊・田中健史朗（２０１７）「授業外学習における動機づけ調整方略、動機づけ要因と学習行動の関連」『心理学研究』88(1)、八六～九二頁

あとがき

読者のみなさん、本書を最後まで読んでいただけましたでしょうか。読んでいただけたのであれば、著者としてこれほどうれしいことはありません。

本書では、新学習指導要領に登場した「主体的に学習に取り組む態度」を、どのように測定・評価し、どのように育てるのがよいかを、最新の心理学の知見に基づいて提案しました。具体的に言えば、本書のタイトルになっている学びの「エンゲージメント」という概念を用いて「主体的に学習に取り組む態度」を9つのポイントから測定・評価する方法を提案し、私が提唱している「自ら学ぶ意欲のプロセスモデル」に沿って「主体的に学習に取り組む態度」を育てる方法について詳しく紹介しました。

「主体的に学習に取り組む態度」については9つのポイントを押さえれば、日々の授業における子どもの表情や行動などから比較的容易に評価することができます。さらにその結果を用いて「主体的に学習に取り組む態度」を効果的に育てることや、その結果を授業の改善に役立てることもできるでしょう。

なお、本書のキー概念は学びの「エンゲージメント」です。この概念に出会えなければ、本書の出版はありませんでした。私はとても幸運であったと思います。さらに私が提唱している「自ら学ぶ意欲のプロセスモデル」のなかに「主体的に学習に取り組む態度」がうまく取り込めたことも幸運だったと思います。

ただし、本書の執筆には多くの苦労が伴いました。新しい概念を用いて「主体的に学習に取り組む態度」を測定・評価する方法を提案し、「自ら学ぶ意欲のプロセスモデル」に沿ってその育て方を提案しなればならなかったからです。新しいことずくめだったのです。従来の執筆方法とは異なり「考えては書く、書いては考える」の繰り返しとなり、原稿を何回も修正しました。編集担当の大木修平氏にはそうした複雑な原稿の編集をお願いすることになりました。もちろん、本書が出版の運びとなりましたのは、図書文化社社長の福富泉氏のおかげです。お二人に心より感謝申し上げます。

さらに本書の執筆にあたっては、佐賀市立川副中学校前校長の池之上義宏先生から貴重なアドバイスをいただきました。また退職して学生さんとの飲み会が少なくなった私を元気づけてくれたのは牧山智樹さんです。一緒に美味しい酒を飲み、元気をもらいました。そしてこれまで同様、私の執筆活動をしっかり支えてくれたのは妻と息子です。こうした方々のご支援がなければ、本書を世に送り出すことはできなかったと思います。ほんとうにありがとうございました。

二〇二〇年四月　寓居に籠って　著者

〔著者紹介〕

櫻井茂男（さくらい　しげお）
１９５６年長野県生まれ。筑波大学大学院心理学研究科（博士課程）心理学専攻修了（教育学博士）。日本学術振興会特別研究員、奈良教育大学助教授、筑波大学人間系教授などを経て、現在、筑波大学名誉教授。学校心理士。

〔著書〕

『学習意欲の心理学──自ら学ぶ子どもを育てる』（誠信書房、１９９７）、『自ら学ぶ意欲の心理学──キャリア発達の視点を加えて』（有斐閣、２００９）、『たのしく学べる最新発達心理学──乳幼児から中学生までの心と体の育ち』（編著、図書文化社、２０１０）、『たのしく学べる乳幼児の心理　改訂版』（共編著、福村出版、２０１０）、『スタンダード　発達心理学』（共編、サイエンス社、２０１３）、『子どものこころ──児童心理学入門　新版』（共著、有斐閣、２０１４）、『改訂版　たのしく学べる最新教育心理学』（編著、図書文化社、２０１７）、『自律的な学習意欲の心理学──自ら学ぶことは、こんなに素晴らしい』（誠信書房、２０１７）、『自ら学ぶ子ども』（図書文化社、２０１９）、『完璧を求める心理』（金子書房、２０１９）など多数。

〈クレイス叢書〉02
学びの「エンゲージメント」
―主体的に学習に取り組む態度の評価と育て方―

2020年6月20日　初版第1刷発行［検印省略］
2023年10月20日　初版第2刷発行

著　　者　櫻井茂男©
発 行 人　則岡秀卓
発 行 所　株式会社 図書文化社
〒112-0012　東京都文京区大塚1-4-15
TEL 03-3943-2511　FAX 03-3943-2519
http://www.toshobunka.co.jp/
装　　丁　中濱健治
印　　刷　株式会社 厚徳社
製　　本　株式会社 村上製本所

ISBN 978-4-8100-0746-6　C3337